ENCYCLOPÉDIE

POPULAIRE,

ou

LES SCIENCES, LES ARTS

ET LES MÉTIERS,

MIS A LA PORTÉE DE TOUTES LES CLASSES.

L'instruction mène à la fortune
et conduit au bonheur.

CHIMIE

DU TEINTURIER,

PAR E. MARTIN,

ANCIEN PROFESSEUR DE SCIENCES PHYSIQUES ET MATHÉMATI-
QUES, DIRECTEUR DE TEINTURE A LOUVIERS ET A ELBEUF.

PARIS,

AUDOT, ÉDITEUR,

RUE DES MAÇONS-SORBONNE, N° 11.

1828.

IMPRIMERIE DE A. HENRI,

RUE GÎT-LE-COEUR, N° 8.

HOMMAGE

TEINTURIER,

A ELBEUF.

Teinture 1.

INTRODUCTION.

—

DE tous les arts industriels qui empruntent à la chimie des explications et des procédés, il n'en est peut-être aucun qui réclame aussi souvent que la teinture les secours de cette science, ni dont les pratiques présentent une application plus immédiate de ses théories; et c'est pour cela que nous avons jugé convenable de renfermer dans un cadre particulier, un exposé de toutes les doctrines chimiques dont la connaissance peut éclairer l'art de la teinture dans ses pratiques ou ses résultats. Le cadre que nous nous proposons de remplir, ne renfermera pas toutes les recherches savantes qui ont été faites sur les matières colorantes des végétaux, et leur manière particulière de se comporter avec les différens réactifs. Obligé de nous renfermer dans d'étroites bornes, et de présenter dans l'ordre le plus lumineux toutes les connaissances préliminaires indispensables à un teinturier, nous omettrons un grand nombre de faits curieux, et nous ne consacrerons à chaque matière que l'espace auquel son importance relative peut lui donner droit; mais, du reste, nous nous ferons un devoir de tellement coordonner les matières dans ce Traité, que l'attention du lecteur le moins intelligent sera soulagée, et que, cependant, nous le conduirons de connaissance en connaissance jusqu'à un degré où il sera devenu capable d'observer lui-même, et de continuer, en quelque sorte, notre ouvrage sur le plan que nous aurons adopté.

Nous commencerons ce Traité de chimie élémentaire à l'usage de la teinture, par quelques détails sur les propriétés générales des corps, et par l'étude de ceux des fluides impondérables qui jouent un grand rôle dans les phénomènes, ou qui réagissent sur les couleurs. Ensuite, nous décrirons les principaux caractères des substances élémentaires non métalliques et ceux des métaux, en insistant sur les propriétés de ceux de ces corps dont nous aurons occasion de parler plus tard, et qu'il importe au teinturier de connaître. Cette étude sera suivie de celle de l'eau, de l'ammoniaque, et des oxides et des acides divers qui sont en usage dans la teinture ; et à celle-là succédera celle des substances salines dont les combinaisons avec les matières colorantes sont si variées, qui réagissent d'une manière si utile sur les tissus, et dont nous parlerons avec tous les développemens que notre ouvrage comporte.

La composition des substances végétales sera ensuite l'objet de notre examen ; et, après avoir dit un mot des huiles, nous parlerons des substances tinctoriales dont la connaissance est d'une si haute importance pour le teinturier. Leur étude se fera sous un point de vue général, et nous

nous contenterons de signaler leur manière de se comporter, soit à l'égard des substances salines qu'on nomme *mordans*, soit à l'égard des tissus. Enfin, après avoir pénétré dans ce sujet aussi avant que notre plan pourra le permettre, nous terminerons par un exposé sommaire des caractères des matières animales et des effets des différentes fermentations.

CHIMIE

DU TEINTURIER.

PRINCIPES GÉNÉRAUX.

—

La chimie a pour objet de reconnaître les élémens qui entrent dans la composition des corps, et d'examiner l'action qu'ils exercent les uns sur les autres, dans des circonstances données. Cette étude est l'une des plus importantes que l'on puisse faire, parce qu'elle éclaire la marche de la nature dans les phénomènes qu'elle produit tous les jours, et qu'elle permet d'expliquer, de régulariser ou d'étendre la plupart des procédés que les arts emploient. Mais comme nous ne nous proposons de considérer ici la chimie que sous le point de vue particulier de ses relations avec la teinture, nous n'insisterons sur les théories générales qu'autant qu'il le deviendra nécessaire pour coordonner les principaux faits, et faciliter l'intelligence de l'ouvrage entier.

Personne n'ignore que l'on donne le nom de corps à toutes les différentes substances qui produisent une impression sur nos sens. Ces corps sont fluides ou solides : fluides, lorsqu'ils sont à l'état de liquides ou de gaz, et qu'ils présentent peu ou point de cohérence dans leurs molécules; et solides, lorsqu'ils ont une force d'aggrégation très-sensible, et qu'on ne peut leur faire perdre la forme qu'ils affectent que par un effort.

Les corps sont en quantité innombrable dans la nature; mais comme les élémens dont ils se composent sont en petit nombre, et que la combinaison binaire ou ternaire de quelques-uns de ces élémens, dans des proportions définies, donne naissance à des produits très-remarquables, qui jouent un grand rôle dans les phénomènes de la nature, il s'en suit que l'étude de la chimie est simplifiée, et qu'il suffit pour se former une idée nette de son objet et de sa méthode, de s'attacher à la connaissance des élémens et des composés les plus remarquables auxquels leur combinaison donne lieu.

On donne le nom d'*analyse* aux opérations à l'aide desquelles on parvient à isoler les élémens des corps l'un de l'autre. Quand ces élémens peuvent être unis de nouveau pour reproduire le même corps, l'opération porte le nom de *synthèse*. Le feu est un des principaux agens dont on fasse usage dans l'analyse, parce qu'il tend à isoler tous les élémens, par l'effet de sa puissance expansive ; mais d'autres fois, lorsque deux ou plusieurs de ces élémens sont unis ensemble, et que le composé peut être dissous, on les sépare par l'addition d'un nouveau corps en dissolution, qui exerce une affinité prédominante sur quelques-uns d'eux, et détruit la première combinaison dans laquelle ils se trouvaient engagés.

On donne le nom d'*affinité* à la force qui sollicite les molécules matérielles à s'unir les unes aux autres ; et on appelle simplement *cohésion*, la puissance qui, dans un corps quelconque, tient agglomérées les particules de ce corps.

Les molécules d'un corps peuvent être considérées sous deux points de vues différens : si l'on considère ces molécules en tant que simples et formant par leurs combinaisons la substance dont il s'agit, on les nomme alors *molécules constituantes* ; si au contraire on ne les considère que comme des particules de ce corps, formées des mêmes élémens que lui, on les appelle *molécules intégrantes*, ou simplement *particules*.

Il ne faut pas confondre en chimie un *mélange* et une *combinaison*. Dans un mélange, les corps quelque atténués qu'ils soient, conservent toutes leurs propriétés particulières, et d'ordinaire peuvent être complétement séparés par des moyens purement physiques. Dans une combinaison, au contraire, les corps unis, dans des proportions variées, ont acquis des propriétés tout-à-fait distinctes, et il n'y a que l'analyse chimique qui puisse les séparer de nouveau.

Les corps, à l'état solide, n'ont jamais la propriété de se combiner, aussi est-on dans l'usage de les dissoudre dans un liquide, ou de les faire entrer en fusion à l'aide du feu. Lorsqu'on emploie un liquide pour dissolvant, il arrive un terme au-delà duquel la propriété dissolvante de ce liquide ne s'exerce plus, et la dissolution est appelée *dissolution saturée*. Ce terme de saturation arrive généralement beaucoup plus tard lorsque la température est plus élevée, et c'est pour cela que les dissolutions préparées à l'aide de la chaleur, abandonnent lors du refroidissement une partie de la substance dissoute. Cette partie qui reprend sa solidité, et se dépose sur les parois ou le fond des vases, est ce que l'on appelle en chimie *précipité*.

Nous avons dit que l'on appelait élémens ou corps simples, les différentes substances dont la combinaison donnait lieu à la production des corps composés. On ne saurait dire si ces substances sont simples en elles-mêmes, mais on est convenu de les regarder comme telles, parce qu'elles ne changent jamais de nature, et qu'on ne peut ni les décomposer, ni les transformer l'une dans l'autre.

Les corps simples découverts jusqu'à ce jour sont au nombre de cinquante-six. Nous les signalerons tous ; mais nous n'étudierons d'une manière particulière que ceux qui, par eux-mêmes, ou par les combinaisons qu'ils produisent, sont en usage dans la teinture. Les voici rangés dans l'ordre suivant lequel il nous paraît le plus convenable de les étudier.

CORPS SIMPLES NON PONDÉRABLES.

Calorique, Lumière, Électricité, Magnétisme.

CORPS SIMPLES PONDÉRABLES NON MÉTALLIQUES.

Oxigène, Hydrogène, Azote, Carbone, Soufre, Chlore, Bróme, Iode, Bore, Phosphore, Sélénium.

CORPS SIMPLES PONDÉRABLES MÉTALLIQUES.

MÉTAUX DE LA 1re SECTION.

Aluminium, Silicium, Magnesium, Yttrium, Glucinium, Zirconium, Thorinium.

MÉTAUX DE LA 2e SECTION.

Calcium, Strontium, Barium, Lithium, Sodium, Potassium.

MÉTAUX DE LA 3e SECTION.

Manganèse, Zinc, Fer, Étain, Cadmium.

MÉTAUX DE LA 4e SECTION.

Arsénic, Molybdène, Chróme, Tungstène, Colombium, Antimoine, Titane, Urane, Cerium, Cobalt, Bismuth, Cuivre, Tellure, Nickel, Plomb.

MÉTAUX DE LA 5e SECTION.

Mercure, Osmium.

MÉTAUX DE LA 6e SECTION.

Argent, Palladium, Rhodium, Or, Platine, Iridium.

—

CORPS SIMPLES IMPONDÉRABLES.

CALORIQUE, LUMIÈRE, ÉLECTRICITÉ, MAGNÉTISME.

Calorique.

On donne en chimie le nom de *calorique* à la substance que l'on désigne communément sous le nom de *feu* ou *chaleur*. Ce fluide, dont l'accumulation se manifeste sur nos organes par une sensation d'une nature particulière, joue un grand rôle dans tous les phénomènes chimiques. Il agit sur les corps en écartant leurs molécules, et généralement il tend à les faire changer d'état par l'effet de sa puissance expansive. C'est ainsi que les corps solides peuvent être amenés pour la plupart à l'état liquide, et que les liquides par la puissance du même agent, montrent une disposition plus ou moins marquée à se convertir en gaz. On voit par là que l'affinité et le calorique sont deux puissances dont les effets se balancent ou se détruisent sans cesse dans la nature. La prédominance de la première ferait passer tous les corps gazeux ou liquides à l'état solide, et la prédominance de la seconde aurait pour effet, au contraire de convertir toutes les substances solides ou liquides en gaz permanens.

Toutes les fois que l'on accumule du calorique dans un corps, cette accumulation se fait sentir tant que le corps conserve le même état ; mais lorsque le corps passe de l'état solide à l'état liquide, et de celui-ci à l'état de gaz, son élévation de température n'est plus en rapport avec la quantité de calorique qu'il a absorbée, parce qu'alors une partie considérable de ce calorique entre en combinaison plus intime avec la substance qui vient de changer d'état, et n'est employée qu'à maintenir sa fluidité. C'est ainsi que la glace en se fondant, absorbe, sans que sa température s'élève, tout le calorique nécessaire pour faire passer de 0° à 75°, un poids d'eau égal au sien ; et c'est ainsi encore que ce liquide une fois parvenu au terme de l'ébullition, en vase ouvert, ne s'échauffe plus, parce qu'alors tout le calorique qu'on lui communique est employé à la production des vapeurs.

On donne le nom de *calorique latent*, à la quantité de ce fluide qui est absorbée par les corps, au moment où ils passent de l'état solide à celui de liquide, ou de gaz : En effet, dans cet état de combinaison, ce fluide ne manifeste sa présence par aucune action ; mais il se dégage et redevient apparent lorsque le corps reprend sa forme première : c'est ainsi que la vapeur d'eau introduite dans un liquide où elle se condense, produit une élévation de température très-considérable, et dont la plus grande partie est due au dégagement du calorique latent qui retenait les particules aqueuses à l'état gazeux.

Cette propriété des liquides d'absorber une grande quantité de calorique, en se réduisant en vapeur, a donné lieu à de nombreuses applications, dont une des plus importantes en teinture est le chauffage par la vapeur d'eau. Quoique ce mode de chauffage présente d'assez grands inconvéniens, dans beaucoup de cas, pour qu'on ne doive jamais l'adopter qu'après un mûr examen, on peut dire cependant qu'outre l'économie de combustible qu'il permet de faire, il procure encore, dans de certaines opérations, le moyen de régulariser la température, avec autant d'exactitude qu'on le désire, ce qui est fort avantageux quelquefois. Le chauffage à la vapeur est économique, lorsque l'on veut échauffer à la fois beaucoup de vases, parce que l'on ne fait du feu que sous la chaudière où se produit la vapeur, et que l'on évite la déperdition de calorique qui aurait lieu s'il fallait échauffer la maçonnerie de plusieurs fourneaux ; mais il cesse de l'être, par les frais qu'il occasione, lorsqu'on ne peut introduire la vapeur dans les liquides qu'on veut échauffer, et qu'on est obligé de l'introduire entre les parois extérieures des vases, et une seconde enveloppe dont on les entoure.

Depuis quelques années on emploie avec succès le chauffage à la vapeur pour les sécheries. A cet effet, on fait circuler la vapeur dans de larges conduits de cuivre qui se prolongent autour des étuves ; et comme l'on n'a à surveiller qu'un fourneau unique, placé souvent hors de l'enceinte du bâtiment, il est plus facile d'éviter les dangers du feu, et d'entretenir constamment dans les sécheries un même degré de température.

La dilatation des corps par suite de l'action que le calorique exerce sur eux, a donné lieu à la construction des thermomètres, qui sont des instrumens à l'aide desquels on peut mesurer la température des divers milieux. Il y en a qui servent à mesurer les alternatives moyennes de température, et c'est de ceux-là seuls que nous parlerons, parce que le teinturier n'a pas besoin d'en consulter d'autres. On les construit en introduisant de l'esprit-de-vin ou du mercure dans une boule de verre surmontée d'un tube, et qu'on a privée d'air en la présentant au feu. Le tube, après l'introduction du liquide, est scellé hermétiquement à la lampe, et le fluide, en s'y élevant plus ou moins, indique que le milieu dans lequel on plonge le thermomètre est plus ou moins chaud. Les thermomètres à esprit-de-vin ont une échelle très-courte, parce que ce liquide bout plus tôt que l'eau; aussi ne les peut-on guère employer que pour des températures tout-à-fait moyennes; les thermomètres à mercure , au contraire , peuvent indiquer les divers degrés d'ébullition des autres liquides , et c'est pour cela que leur usage est plus général. Leur échelle comprend ordinairement cent degrés entre le terme de la glace fondante et celui de l'ébullition de l'eau distillée , sous une pression atmosphérique moyenne ; quelquefois aussi ce même intervalle ne porte que quatre-vingts divisions , et on les nomme alors thermomètres selon Réaumur, du nom du physicien qui, le premier, en construisit de pareils.

Le degré d'ébullition des liquides est plus élevé quand la pression de l'atmosphère est plus grande , parce que l'air agit comme une couche pesante superposée, et s'oppose à la production des vapeurs. L'addition dans l'eau de certaines substances salines qui ont beaucoup d'affinité pour ce liquide , retarde aussi le moment de l'ébullition , parce que les particules aqueuses sollicitées par l'affinité de ces substances , cèdent plus tard à la puissance expansive du calorique.

Le calorique a la propriété de pénétrer à travers les molécules des corps , mais tous ne le transmettent pas avec la même facilité , et il y en a qui sont très-peu conducteurs de ce fluide. Généralement, les liquides sont des mauvais conducteurs, et s'ils s'échauffent facilement, c'est que les parties échauffées étant devenues plus légères, gagnent la surface, et que les parties froides se précipitent, au contraire, vers le fond du vase. Du reste, toutes choses égales d'ailleurs, les corps solides absorbent et émettent d'autant plus de calorique, que leurs surfaces sont plus développées et plus rugueuses, et ils en absorbent et en émettent d'autant moins, au contraire, que leurs surfaces sont plus polies.

La combinaison des corps donne lieu ordinairement à un dégagement de calorique plus ou moins considérable; et c'est par un moyen de cette nature que l'on se procure toute la chaleur dont on a besoin. En effet, la combustion des matières charbonneuses que produit le feu, n'est autre chose que la combinaison du charbon avec celui des principes de l'air qu'on nomme oxigène. Le calorique qui se dégage dans les combinaisons provient des substances qui se condensent, ou qui forment des composés plus intimes; et généralement les gaz et les liquides en rendent sensible une quantité considérable, lorsque les combinaisons dans lesquelles ils sont entraînés, ont pour effet de les faire changer d'état.

Lumière.

La lumière et le calorique ont de si grands rapports l'un avec l'autre, dans de certaines circonstances, qu'il peut être permis de les considérer comme des modifications du même fluide. En effet, on ne peut jamais accumuler une grande quantité de calorique dans un corps, sans qu'il finisse par devenir lumineux ; et d'un autre côté, dans plusieurs cas, on voit la lumière se comporter, à l'égard des corps, comme une température de cinq cents degrés.

Les rayons lumineux reçus sur le prisme se décomposent en sept rayons simples qui sont le rouge, l'orangé, le jaune, le vert, le bleu, le pourpre et le violet ; et les corps ne nous paraissent diversement colorés que parce qu'ils ont la propriété d'absorber un certain nombre de ces rayons et d'en réfléchir quelques autres. Dans ce système, le blanc est la réflexion de touts les rayons, et le noir leur absorption totale. Dans les substances rouges, il n'y a que les rayons

de cette couleur qui soient réfléchis ; et on
peut dire de même , à l'égard de toutes les
substances qu'elles absorbent tous les rayons
autres que celui de la couleur qui leur est
particulière. C'est pour cela que le mélange de plusieurs liqueurs un peu foncées
produit constamment du noir, en inter-
ceptant tous les rayons lumineux ; mais
lorsque ces liqueurs sont peu nombreuses ,
la teinte obtenue participe de la nature de
toutes les couleurs mélangées ; et l'art de
varier ainsi les nuances par le mélange de
diverses solutions colorées, à diverses do-
ses , est une partie du savoir-faire du teinturier.

Quoiqu'on ne puisse dire comment la
lumière agit sur les matières colorantes, et
quelle nouvelle combinaison de principes
elle y détermine, il est certain qu'elle exerce
sur la plupart des couleurs une action très-
vive, qu'elle détruit, dans un laps de tems
assez court, la plupart d'entre elles, et qu'elle
agit même à la longue sur celles que l'on
est convenu d'appeler solides , et qui résistent aux réactifs ordinaires. Du reste il
n'est pas surprenant qu'elle puisse agir avec
tant d'énergie pour opérer la destruction
des couleurs , lorsqu'il est certain que c'est
par suite de son influence sur les sucs du

végétal encore vivant, que ces sucs se colorent de différentes nuances, et acquièrent la plupart des autres qualités qui les distinguent, comme la saveur et le goût.

Électricité et Magnétisme.

Comme l'étude de ces fluides, quoique d'ailleurs fort intéressante, n'a présenté jusqu'à ce jour aucune relation prochaine ou éloignée avec la teinture, nous nous bornerons à dire que le fluide électrique, analogue au fluide qui produit la foudre, se manifeste à la surface des substances vitreuses ou résineuses qui viennent d'être frottées, ou de deux métaux de différente nature que l'on superpose avec de certaines précautions; et que le fluide magnétique, remarquable par sa propriété d'attirer le fer, se rencontre tout développé dans certains minerais du même métal. Du reste ces fluides qui présentent de grands traits de ressemblance, tant entre eux qu'avec la lumière et le calorique, jouent le plus grand rôle dans toutes les combinaisons chimiques, et donnent lieu à une multitude de phénomènes, dont l'étude est propre à éclairer d'un plus grand jour la théorie encore trop obscure et trop confuse des affinités.

—

CORPS SIMPLES PONDÉRABLES NON MÉTALLIQUES.

Oxigène, hydrogène, azote, carbone, soufre, chlore, brome, iode, bore, phosphore, sélénium.

Oxigène.

L'oxigène est un fluide gazeux ou aériforme, éminemment respirable, et qui entre pour les vingt-un centièmes dans la composition de l'air atmosphérique ; c'est un des corps qui jouent le rôle le plus important dans la nature. Il se combine avec les autres corps simples, en donnant lieu, lorsque cette combinaison est rapide, à un dégagement de calorique et de lumière, et l'acte de cette combinaison est appelé *combustion.* La combustion ou la combinaison des corps combustibles avec l'oxigène, donne lieu à des produits différens, selon la nature du corps, et selon la quantité d'oxigène qui a été absorbée. Lorsque ces produits sont insipides, ou du moins qu'ils ne sont sensiblement ni âcres, ni aigres, on les désigne sous le nom général d'*oxides*; on nomme *acides* ceux qui ont une saveur aigre et qui rougissent les couleurs bleues végétales, et on donne au contraire le nom d'*alcalis* à ceux dont la saveur est âcre et brûlante, et dont les dissolutions ramènent au bleu, les couleurs bleues que les acides avaient altérées.

Lorsqu'un corps simple combustible peut se combiner avec l'oxigène dans des proportions différentes, en donnant lieu à des produits non acides, le premier de ces produits, ou celui qui contient le moins d'oxigène, est appelé *protoxide*, et les autres sont appelés successivement, selon la quantité d'oxigène qu'ils ont absorbée, *deutoxide*, *tritoxide* et enfin *tétroxide* et *peroxide*, mais il y a peu de corps qui puissent donner lieu à un si grand nombre d'oxides; communément ils ne peuvent en former qu'un ou deux. D'un autre côté, lorsqu'un corps acidifiable peut former différentes combinaisons avec l'oxigène, la première, ou celle qui contient le moins d'oxigène, prend le nom d'acide du corps acidifiable avec la terminaison *eux*, et la dernière, celle qui en contient le plus, prend le nom d'acide du même corps, avec la terminaison *ique*. C'est d'après ces principes que l'on nomme *protoxide*, *deutoxide* et *tritoxide* de fer, les divers produits de la combinaison de ce métal avec l'oxigène ; et que l'on appelle acides *sulfureux* et *arsénieux*, *sulfurique* et *arsénique*, les divers produits acides, formés par la combinaison de l'oxigène avec le soufre et l'arsenic.

On obtient l'oxigène en introduisant du peroxide de manganèse dans une cornue, et exposant la cornue à une haute température. Le gaz qui se dégage, suit un tube de verre recourbé que l'on adapte à l'orifice de cette cornue, et va se rendre dans des récipiens renversés et pleins d'eau, que l'on a disposés pour le recevoir. Ce gaz active singulièrement la combustion ; aussi la plupart des métaux réduits en lames très-minces, y brûlent-ils avec une vive lumière, lorsqu'on les y plonge et qu'ils portent un morceau d'amadou allumé qui sert à commencer à élever leur température. L'oxigène ne communique pas seulement aux corps simples des propriétés acides, en se combinant avec eux, il communique encore des propriétés semblables à différens corps composés, et donne naissance à des acides particuliers que l'on rencontre dans les substances organisées, ou qui se forment par la réaction de leurs élémens. Ce gaz est d'un dixième plus lourd que l'air.

Hydrogène.

Ce gaz est un des principes constituans de l'eau qui se compose de 11,10 d'hydrogène et 88,90 d'oxigène. Il est insipide, incolore et environ 14 à 15 fois plus léger que l'air. On l'obtient ordinairement en opérant la combinaison de l'oxigène de l'eau avec d'autres corps ; à cet effet on introduit dans un flacon des parcelles de zinc ou de fer, et un mélange d'acide sulfurique et d'eau. L'acide qui a une grande affinité pour l'oxide de zinc et de fer, détermine la combinaison de l'oxigène de l'eau avec ces métaux, et le dégagement du gaz hydrogène commence aussitôt. On le recueille dans des vases renversés et pleins d'eau, comme nous avons vu que l'on recueillait le gaz oxigène.

Ce gaz connu autrefois sous le nom d'air inflammable, se dégage aussi en quantité considérable, lorsqu'on distille des matières bitumineuses ; mais dans cet état il retient en dissolution une plus ou moins grande quantité de carbone, et porte le nom d'hydrogène carboné ou percarboné. Comme il se combine facilement avec l'oxigène, en donnant lieu à un grand dégagement de lumière, on a mis cette propriété à profit pour l'employer comme moyen d'éclairage ; l'on peut dire aussi que c'est à sa combustion, que l'on doit la flamme qui accompagne ordinairement la combustion des matières végétales avec l'oxigène.

Le gaz hydrogène ne joue aucun rôle dans la teinture lorsqu'il est dans un état d'isolement, mais ses propriétés ne sauraient être trop étudiées par le teinturier, à cause des altérations remarquables produites dans les couleurs végétales par sa prédominance ou par son défaut. C'est ainsi que l'on détruit ou qu'on rend solubles les matières colorantes, fauves et résineuses, qui recouvrent les fils de chanvre et de lin, en diminuant la prédominance de leur hydrogène, tandis qu'au contraire on donne plus d'éclat au blanc de la laine et de la soie, en augmentant la prédominance du même élément.

L'hydrogène se combine avec le soufre et donne naissance à un gaz fétide et délétère appelé hydrogène sulfuré, qui se dégage de la décomposition des matières animales et végétales qui contiennent un peu de soufre. Il se combine aussi avec le phosphore, le sélénium, le potassium et l'arsenic, dont il fait passer quelques particules à l'état gazeux ; mais l'étude de ces composés, ne serait d'aucune utilité pour le teinturier.

Azote.

Ce gaz, qui constitue les 79 centièmes de l'air, est ainsi nommé parce qu'il ne peut servir à l'entretien de la vie animale ; mais on le nomma d'abord nitrogène, parce qu'on trouva que, par sa combinaison avec l'oxigène, il produisait l'acide nitrique. Cette propriété de produire l'acide nitrique, est la seule qui mérite de fixer l'attention du teinturier : du reste, l'azote, en se combinant avec de moindres proportions d'oxigène, donne naissance à différens autres composés, tels que le protoxide et le deutoxide d'azote et le gaz acide nitreux. On l'obtient en introduisant dans une cloche pleine d'air, et dont les bords plongent dans l'eau, un mélange de limaille de fer et de soufre humide, qui est propre à absorber le gaz oxigène dans l'espace de quelques jours, ou bien en sub-

stituant du phosphore à ce mélange, sous
un semblable appareil.

Carbone.

Ce corps, un des plus répandus de la
nature, fait la base de toutes les matières
végétales et animales, mais on ne l'a en—
core rencontré pur que dans le diamant.
Dans le charbon de bois, il est uni à des
quantités variables de gaz hydrogène et de
substances salines : le charbon de bois s'obtient par la distillation des matières végétales dans un vase clos, à une haute température, et nous pouvons considérer les
propriétés qu'il manifeste comme apparte-
tenant au carbone, dont il est, pour ainsi
dire, formé en entier. Ce corps, à la tem—
pérature ordinaire, ne reçoit presqu'aucune altération de la part de l'air ou de
l'eau, et il n'en éprouve non plus aucune
de la chaleur, lorsqu'il est échauffé dans
un vase clos. Du reste lorsqu'on le chauffe
au contact de l'air, il produit un dégagement de calorique et de lumière par sa
combinaison avec l'oxigène et donne naissance à un corps acide gazeux, appelé gaz
acide carbonique. Les composés, formés
par la combinaison du carbone avec les

corps combustibles , portent le nom de *car-bures*. Ils ne sont d'aucun usage dans la teinture.

Soufre.

Le soufre existe en grande quantité dans la nature, mais ordinairement à l'état de combinaison. On ne le rencontre à l'état natif que dans les terrains volcaniques ; et on le sépare des matières étrangères qui le salissent, en le sublimant. Ce corps a une grande affinité pour l'oxigène , et il produit , en se combinant avec lui, un oxide et plusieurs acides , entre autres , le gaz acide sulfureux et l'acide sulfurique , qui sont les seuls qui soient employés dans les arts et dans la teinture. Une combustion lente du soufre, donne naissance au gaz sulfureux qui apparaît sous forme de fumées blanchâtres, et une combustion plus rapide donne naissance à un liquide très-dense qui est l'acide sulfurique. Le soufre , par sa combinaison avec les corps combustibles , donne naissance à des composés qu'on nomme *sulfures* , et qui jouissent de propriétés très-remarquables. Ces composés , de même que la plupart de ceux où l'on rencontre le soufre à l'état acide , méritent d'être un objet d'étude pour le teinturier.

Chlore.

Le chlore est un corps gazeux qui jouit de propriétés particulières très-remarquables. Il est de couleur verdâtre , très-dangereux à respirer, et détruit toutes les couleurs végétales. On l'a long‑tems appelé acide muriatique oxigéné , mais on lui a donné le nom de chlore , lorsque l'on a commencé à le compter parmi les corps simples ; ce corps en se combinant avec l'hydrogène , donne naissance à l'acide hydrochlorique que l'on avait long‑tems désigné sous le nom d'acide muriatique ; il produit aussi deux acides différens , en se combinant avec l'oxigène , et on les nomme acide *chloreux* et *chlorique*. On les désignait autrefois , sous celui d'acide muriatique sur‑oxigéné , et d'acide muriatique hyper‑oxigéné. Les combinaisons de ce corps avec les corps combustibles , portent le nom de *chlorures*. Quelques‑unes d'entre elles sont d'une grande importance dans la teinture et le blanchîment , et nous en ferons une étude particulière.

Brôme et Iode.

Le brôme et l'iode sont deux corps simples, l'un liquide et l'autre solide, qui ont des propriétés décolorantes analogues à celles du chlore, et forment comme lui des acides avec l'oxigène et l'hydrogène ; leurs combinaisons avec les corps combustibles portent le nom de *bromures* et *d'iodures*, mais notre objet n'est pas d'en parler, parce qu'elles ne sont d'aucune utilité pour le teinturier.

Bore, Phosphore, Sélénium et Fluor.

Ces corps, ni leurs composés, n'étant le sujet d'aucune application dans la teinture, nous nous bornerons à dire que le bore, sous forme de poudre infusible et olivâtre, s'obtient en décomposant l'acide borique par le potassium dans un tube de fer légèrement rouge ; que le phosphore est un corps transparent, incolore, d'une odeur d'ail, qui s'enflamme par le moindre frottement au contact de l'air ; et qu'on l'extrait en traitant l'acide phosphorique par le charbon dans une cornue, à une température élevée ; que le sélénium est une substance rare, qui se rapproche du soufre par ses propriétés, et qui forme des composés analogues à ceux de ce corps avec l'oxigène et l'hydrogène; et enfin que le fluor est le radical présumé de l'acide fluorique qu'on n'a pu encore parvenir à décomposer. Ces différens corps forment avec les autres corps combustibles, des composés qu'on nomme *borures*, *phosphures* et *séléniures*.

CORPS SIMPLES PONDÉRABLES MÉTALLIQUES.

Les métaux sont des substances combustibles, plus ou moins brillantes, fusibles et malléables, et susceptibles de passer à l'état d'oxide et quelquefois d'acide, en se combinant avec l'oxigène ; on les estime en raison de leur inaltérabilité, et de leur facilité à se prêter à tous nos besoins. Les composés qu'ils forment en se combinant mutuellement, portent le nom *d'alliages*, et ceux que forment leurs oxides avec les acides sont appelés *sels*, comme ils sont plus ou moins oxidables, nous les étudierons d'après l'ordre de leur plus grande affinité pour l'oxigène. Lorsqu'ils sont combinés avec ce corps, c'est-à-dire, à l'état

d'oxides, on leur rend leur premier état
en les chauffant fortement dans un creuset avec du charbon en poudre ; cette opération est appelée réduction. Les acides
ont généralement la propriété de les dissoudre, après les avoir oxidés ; et l'oxigène qui se combine alors avec les métaux, est fourni, soit par l'acide lui-même,
soit par l'eau dont il est étendu, qui se
décompose. Nous parlerons succinctement
des divers métaux, mais nous ne dirons
rien de leurs alliages.

———

MÉTAUX DE LA 1re SECTION.

*Aluminium, Silicium, Magnésium, Yttrium,
Glucinium, Zirconium, Thorinium.*

Ces métaux que l'on ne peut obtenir à
l'état métallique, et qui sont complétement
irréductibles par le charbon, existent généralement en grande quantité à l'état
d'oxides, et c'est dans cet état que nous
les étudierons. Ces oxides portent le nom
d'alumine, de silice, de magnésie, d'yt-
trie, de glucine, de zircone et de thorine.

MÉTAUX DE LA 2ᵉ SECTION.

Calcium, Strontium, Barium, Lithium, Sodium, Potassium.

Ces métaux n'existent également dans la nature qu'à l'état d'oxides, et on ne les extrait qu'avec la plus grande difficulté, et toujours en quantité très-petite. Le contact de l'eau ou de l'air humide, les ramène aussitôt à l'état d'oxides. C'est dans cet état que nous les étudierons. Ils sont la base des terres et des alcalis connus sous le nom de chaux, strontiane, baryte, lithie, soude et potasse ; et dans cet état, la connaissance des propriétés de la plupart d'entre eux est d'une grande importance dans l'art du teinturier.

MÉTAUX DE LA 3ᵉ SECTION.

Manganèse, Zinc, Fer, Étain, Cadmium.

Ces métaux absorbent l'oxigène de l'eau à la chaleur rouge, et s'oxident à toutes les températures dans l'air : les quatre premiers sont employés dans la teinture à l'état de sels.

Le manganèse est un métal blanchâtre fragile, très-oxidable, et que le contact de l'air convertit promptement en poudre brune ou noirâtre. Il est sans usage à l'état métallique, mais à l'état d'oxide il est employé dans différens arts, et particulièrement dans le blanchîment où il sert à préparer le chlore.

Le zinc est d'un blanc bleuâtre, mou, volatil, très-fusible, peu malléable, brûlant avec flamme lorsqu'il est fondu au contact de l'air, et d'un emploi assez commun dans les arts : dans la teinture, il peut être employé à l'état de sel ; mais on n'en fait presque pas d'usage.

Le fer est d'un blanc grisâtre, ductile, malléable, et fusible à une haute température. On le rencontre en grande quantité dans la nature à l'état d'oxide, de sulfure ou de sel : plusieurs des combinaisons salines dans lesquelles il entre, sont dans la teinture d'un usage journalier.

L'étain est d'un blanc d'argent, mais plus sombre ; il est très-fusible, peu ductile, assez malléable, et d'un grand usage dans la teinture, à l'état de sel.

Le cadmium est un métal aussi blanc

que l'étain, volatile, mou, ductile, fusible, mais sans usage dans les arts à cause de sa rareté.

MÉTAUX DE LA 4e SECTION.

Arsenic, Molybdène, Chrôme, Tungstène, Colombium, Antimoine, Titane, Crane, Cerium, Cobalt, Bismuth, Cuivre, Tellure, Nickel, Plomb.

Ces métaux ne décomposant l'eau à aucune température, sont irréductibles par la chaleur seule, et absorbent l'oxigène à toutes les températures. Entre ces métaux dont nous n'allons tracer qu'un très-léger historique, l'arsenic, le chrôme, le bismuth, le cuivre et le plomb, sont les seuls dont différentes combinaisons soient en usage dans la teinture. L'arsenic est un métal cassant, acidifiable, volatil, d'un gris d'acier, vénéneux dans tous ses états, et qu'on rencontre ordinairement dans les mines, combiné avec d'autres métaux : il est employé à l'état de sulfure par les teinturiers.

Le molybdène est un métal acidifiable, infusible, et qu'on n'obtient qu'en poudre noirâtre agglutinée : il est peu connu, sans usage dans la teinture, et presque point employé dans les autres arts.

Le chrôme est d'un blanc grisâtre, très-fragile, presqu'infusible, acidifiables. Quelques-unes de ses combinaisons sont en usage dans la teinture depuis quelque tems.

Le tungstène est d'un gris d'acier, acidifiable, peu fusible et très-oxidable, et jusqu'à présent sans usage.

Le colombium est un métal acidifiable qui n'a encore été obtenu que sous forme de poudre noirâtre.

L'antimoine est un métal cassant, d'un blanc bleuâtre, acidifiable, employé dans différens arts, mais sans usage dans la teinture.

Le titane est un métal acidifiable, dur, fragile, rouge, jaunâtre, très-peu fusible, et jusqu'à présent sans usage.

L'urane est d'un gris foncé, peu brillant, presqu'infusible, assez mou et peu oxidable : il est sans usage.

Le cérium est un métal presque inconnu, et conséquemment sans usage.

Le cobalt est d'un gris d'acier, très-dur, facile à pulvériser, difficile à fondre, employé dans différens arts à l'état d'oxide, mais sans usage dans la teinture.

Le bismuth est d'un blanc jaunâtre, très-fusible, lamelleux, fragile, et employé quelquefois dans la teinture à l'état de combinaison avec les acides.

Le tellure est blanchâtre, d'un gris de plomb, éclatant, fragile, fusible et volatil à un haut degré, brûlant avec flamme lorsqu'on le chauffe au contact de l'air ; du reste, encore peu connu et sans usage.

Le nickel est d'un blanc grisâtre, ductile, peu fusible, peu oxidable, et jusqu'à ce jour peu employé dans les arts.

Le plomb est d'un blanc bleuâtre, très-malléable, très-mou, très-fusible, très-oxidable à une température élevée, et d'un grand usage dans les arts et dans la teinture à l'état de sel.

MÉTAUX DE LA 5ᵉ SECTION.

Mercure, Osmium.

Ces métaux ne décomposent l'eau à aucune température, et sont réductibles par la chaleur seule.

Le mercure est le seul des métaux qui soit liquide à la température ordinaire. Il est d'un blanc éclatant, fort employé dans les arts, tant à l'état métallique que combiné, mais, jusqu'à ce jour, de peu d'usage dans la teinture.

L'osmium est un métal infusible et sans usage, qu'on n'a encore obtenu que sous forme de poudre noirâtre.

MÉTAUX DE LA 6ᵉ SECTION.

Argent, Palladium, Rhodium, Platine, Or, Iridium.

Ces métaux n'absorbent l'oxigène à aucune température, et sont réductibles par la chaleur seule Il n'y a que l'argent dont il ait été proposé de faire usage dans la teinture. Du reste, le palladium, le rhodium et l'iridium n'ont aucun emploi dans les arts, et les seules propriétés que l'on leur connaisse sont d'être blanchâtres et presqu'infusibles. Quant à l'argent, tout le monde sait qu'il est d'un blanc éclatant, sonore, ductile, malléable et très-employé dans les arts. Le platine est presqu'aussi pesant que lui, beaucoup plus blanc, très-ductile, très-malléable, mais très-difficile à fondre. Pour l'or, il est jaune, brillant, très-pesant, le plus ductile et le plus malléable des métaux, et d'un usage très-répandu dans les arts.

COMPOSÉS DIVERS

Formés par la combinaison de quelques corps simples non métalliques entre eux.

EAU.

L'eau est un liquide inodore, insipide, incolore, formé par la combinaison de 88,90 parties d'oxigène et de 11,10 d'hydrogène en poids, ou de 1 volume de gaz oxigène et 2 de gaz hydrogène. Ce liquide, qu'on peut regarder comme un oxide d'hydrogène, est d'un usage universel dans l'économie domestique et dans les arts; dans la teinture surtout, on l'emploie journellement en quantité très-considérable. Quoiqu'on le rencontre rarement pur à cause des matières salines qu'il dissout dans le sein de la terre ou à sa surface, il ne laisse pas d'être propre aux opérations de la teinture, à moins que son impureté ne soit très-grande, et que les couleurs dont il doit être le véhicule ne soient extrêmement délicates. Du reste, nous allons indiquer par quels moyens on peut toujours l'obtenir dans un degré de pureté suffisant. Lorsque les eaux sont limoneuses, corrompues et chargées de particules en suspension, il suffit de les filtrer à travers une couche de charbon concassé. Deux cuviers sont placés l'un au-dessus de l'autre, et l'eau qui sort du premier tombe sur un filtre, qu'elle traverse et d'où elle arrive purifiée dans le second. L'appareil, ainsi disposé, peut purifier beaucoup d'eau en très-peu de tems ; et l'on se sert d'une pompe pour élever ce liquide dans le cuvier supérieur. Lorsque les eaux contiennent des sels calcaires, il est également à propos d'en opérer la filtration, mais auparavant il convient d'y ajouter 1 ou 2 millièmes de potasse en dissolution, que l'on mêle bien avec l'eau. Cette addition précipite la plus grande partie des sels calcaires, et l'eau qu'on obtient, peut être employée pour les opérations de teinture les plus délicates. Mais les teinturiers se donnent rarement la peine d'obtenir l'eau dans un semblable degré de pureté, et ils se contentent, lorsque les eaux sont bourbeuses, de jeter quelques poignées de son dans la chaudière ; ensuite, quand la température approche du terme de l'ébullition, ils ajoutent une petite quantité de crème de tartre, et profitent du bouillonnement qui se produit, pour enlever les écumes avec un tamis.

Le carbonate calcaire, tenu en dissolution à la faveur d'un excès d'acide, est un des sels dont la présence contrarie le plus fréquemment les opérations de teinture. Les procédés que nous avons indiqués, remédient à l'inconvénient qu'il produit ; mais on peut encore en combattre les effets par la seule addition du son aigri que l'on enlève au moment de l'ébullition avec un tamis.

L'eau de pluie approche, par sa pureté, de l'eau distillée, et c'est la meilleure dont on puisse faire usage dans les différentes opérations de teinture ; vient ensuite celle qui traverse des terrains sablonneux, celle qui coule à travers des terrains calcaires, ou qui séjourne dans des marécages, est ordinairement plus impure ; mais celle qui retient des sels métalliques en dissolution est presque toujours tout-à-fait impropre à être employée.

L'eau pure sert de terme de comparaison pour mesurer la pesanteur spécifique des liquides et des solides. On mesure aussi la densité relative des divers liquides à l'aide

3 *

de petits instrumens de verre qu'on appelle *aréomètres* , et qui s'enfoncent d'autant moins que le liquide est plus dense. Il y en a qui servent à mesurer la densité des liquides spiritueux plus légers que l'eau , et d'autres celle des acides et des dissolutions salines plus pesantes que ce liquide.

On reconnaît que l'eau est suffisamment pure pour les usages de la teinture lorsqu'elle dissout le savon sans produire de caillots insolubles. La production de ces caillots annonce la présence de parties calcaires qui se combinent avec l'huile du savon et forment un composé insoluble.

AMMONIAQUE.

L'ammoniaque est un corps gazeux produit par la combinaison de deux parties d'hydrogène et d'une partie d'azote. Ce corps que l'on emploie dans les arts à l'état de dissolution dans l'eau , a des propriétés alcalines très-prononcées et une grande affinité pour tous les acides. Quelques-unes de ces combinaisons avec les acides sont employées en teinture, et nous les mentionnerons dans un autre endroit. Nous nous bornerons à dire actuellement que ce corps est un produit naturel de la décomposition des substances animales, et qu'on peut aussi l'obtenir en distillant des cornes, des chairs ou des os dans une cornue.

Ce serait ici le lieu de parler de la combinaison de l'hydrogène avec le chlore, mais comme ce composé a des caractères qui lui donnent de la ressemblance avec les acides, nous ne l'étudierons que lorsque nous traiterons de ces composés.

OXIDES.

Nous avons vu que l'on donnait ce nom aux combinaisons non acides de l'oxigène avec les corps combustibles. Plusieurs corps combustibles non métalliques jouissent de la propriété de s'oxider aussi bien que les métaux ; entr'autres, le soufre, se phosphore, le carbone et l'azote ; mais comme ces divers oxides n'ont aucune relation prochaine ni éloignée, avec la teinture, nous croyons devoir les passer sous silence. Quant à l'eau, qui est le composé formé par la combinaison de l'oxigène et de l'hydrogène, et que l'on peut classer parmi les oxides, nous en avons déjà fait connaître les propriétés.

Les oxides métalliques sont très-nombreux ; mais nous nous contenterons de parler de ceux que forment les divers métaux dont la connaissance est intéressante pour le teinturier.

L'alumine, ou oxide d'aluminium, est une des bases du sel, connu dans le commerce sous le nom d'alun. Elle est blanche, douce au toucher, insoluble, mais divisible dans l'eau, et susceptible de perdre cette dernière propriété par l'action du feu. Elle se trouve en grande proportion dans toutes les terres argileuses, et joue un rôle important dans la plupart des opérations de teinture.

La magnésie, ou oxide de magnésium, est une terre blanche, opaque et insoluble dans l'eau, et elle n'intéresse le teinturier que parce que sa combinaison avec le chlore est très-propre à être employée dans le blanchîment des toiles que l'on destine à l'impression.

La chaux, ou oxide de calcium, est une des substances les plus répandues dans la nature. Dépouillée, par le feu, de l'acide carbonique avec lequel elle s'y trouve combinée, elle est d'un grand usage dans la teinture où on l'emploie pour la dissolution de l'indigo et pour virer diverses nuances ou leur donner plus de fond. On la combine en outre avec le chlore, et dans cet état, elle est du plus grand usage dans le blanchîment. Elle possède les propriétés des alcalis à un haut degré.

La soude, ou oxide de sodium, est un oxide alcalin fort en usage dans la teinture, où on l'emploie combiné avec différens acides. On l'extrait des plantes marines, et du salsola soda en particulier, en brûlant ces plantes, desséchées dans des fosses, jusqu'à ce que les cendres entrent en fusion pâteuse par la chaleur, et se prennent en masse par le refroidissement. On l'obtient aussi en calcinant un mélange de sulfate de soude, de chaux vive et de charbon. Quelque soit le procédé que l'on suive, la soude obtenue est toujours à l'état de sous-carbonate, et on ne parvient à la séparer du gaz acide carbonique qui est combiné avec elle, qu'en la mêlant avec son poids de chaux vive, et délayant ce mélange dans quinze ou vingt fois son poids d'eau. Dans cette opération, la chaux s'empare de l'acide carbonique et se précipite, et la soude demeure en dissolution dans l'eau qui surnage.

La soude a une saveur âcre, brûlante, et fortement alcaline. A l'état d'oxide, c'est-à-dire lorsqu'elle n'est unie à aucun acide, elle se combine avec les huiles et les graisses, et donne naissance à des composés appelés savons. Ces combinaisons sont favorisées par une élévation de température. Les savons blancs et marbrés de Marseille sont une combinaison d'huile d'olive et de soude. On les prépare en versant partie par partie de la lessive de soude dans une chaudière qui contient de l'huile d'olive en ébullition ; et quand cette substance est suffisamment saponifiée, on en sépare la lessive épuisée, et on coule le savon dans des moules de bois.

La soude est employée quelquefois à l'état caustique par les teinturiers pour la dissolution de l'indigo, dans certaines cuves à froid que l'on monte pour le coton. A la vérité, elle est à l'état de sous-carbonate lorsqu'on la met dans la cuve, mais comme on l'y emploie concurremment avec de la chaux, elle abandonne son acide à cette substance et passe à l'état caustique.

La potasse, ou oxide de potassium, est une substance blanche, légère, très-corrosive, jouissant de toutes les propriétés des alcalis au plus haut degré, et attirant fortement l'humidité et le gaz acide carbonique de l'air. On l'extrait des bois dans les forêts, par la lixiviation de leurs cen-

dres, l'évaporation des lessives et la calcination de leur résidu dans des fours. Le
produit qu'on obtient, est à l'état de sous-
carbonate, et constitue la potasse que l'on
rencontre dans le commerce. En la traitant
par la chaux vive étendue d'eau, on la fait
passer comme la soude à l'état caustique.

La potasse est d'un grand usage dans le
blanchîment et dans la teinture, mais
comme on l'emploie communément dans
un état de combinaison avec quelque acide,
nous parlerons de nouveau de ses usages
en décrivant les sels qu'elle forme. Cette
substance a, comme la soude, la propriété
de former des savons avec les corps gras;
mais les savons qu'elle forme ne sont jamais
d'une consistance bien grande. Ces savons
n'ont pas, comme ceux de soude, la propriété de se séparer de la lessive épuisée,
et il faut les cuire et continuer l'évaporation jusqu'à ce que leur consistance semble
suffisante. Quelquefois on leur communique
un certain degré de dureté par l'addition
d'une petite quantité de résine; on les durcit
aussi par l'addition de l'hydro-chlorate de
soude, ou sel marin, durant le travail; mais
alors il se forme un véritable savon de soude,
parce que l'acide du sel marin se porte sur la
potasse et que sa base se combine avec le corps

gras; aussi le savon qu'on obtient dans ce dernier cas, se sépare-t-il de la lessive épuisée comme tous les autres savons de soude.

Le manganèse forme quatre oxides, mais le peroxide qui est noir est le seul dont le teinturier fasse usage. Cet oxide mêlé avec trois parties de sel marin et deux d'acide sulfurique sert à préparer le chlore dont on fait usage dans le blanchîment. Au lieu d'acide sulfurique et de sel, on peut n'employer que de l'acide hydrochlorique, et alors on fait agir cinq parties de cet acide contre une d'oxide.

Le fer forme trois oxides, le premier, blanc tant qu'il est humide ou hydraté, le second noir, et le troisième rouge. Ces oxides sont d'un fréquent usage dans la teinture, mais comme ils sont toujours combinés avec quelque acide, lors de leur emploi, nous en parlerons en traitant des sels à base de fer.

L'étain forme deux oxides, l'un noir et l'autre blanc, et qui tous les deux sont fort employés dans la teinture, mais à l'état de combinaison avec quelque acide.

Le cuivre forme deux oxides, vert et brun noir; mais il ne sont employés dans la teinture que combinés avec quelque acide. Il en est de même du plomb qui forme trois oxides et dont les sels sont d'un grand usage. Le bismuth et le zinc sont moins employés, mais ils peuvent l'être cependant avec succès à l'état de sels.

ACIDES.

Les acides sont des corps presque toujours à l'état liquide ; leur saveur est aigre et piquante, et ils rougissent la plupart des couleurs bleues végétales. Ils ont en général une grande affinité pour les alcalis, les terres et les oxides métalliques proprement dits, et les composés qu'ils produisent en se combinant avec ces bases, sont appelés *sels*. Nous signalerons ici les principaux d'entre ces corps, tant de ceux qui ont une substance élémentaire pour radical, que de ceux que l'on extrait des substances végétales ou animales. Tous les acides paraissent devoir leur caractère d'acidité à la prédominance de l'oxigène ; et entre ceux dont nous parlerons, il n'y a que l'acide hydrochlorique qui fasse exception, et dont le radical soit combiné avec l'hydrogène.

Le soufre forme deux acides fort employés par les teinturiers ; le premier, nommé gaz acide sulfureux, s'obtient par la combustion lente du soufre ou par la décomposition de l'acide sulfurique, par des substances végétales dans une cornue, et on l'emploie pour donner un blanc particulier à la laine et à la soie ; le second employé aux usages les plus variés, tant à l'état d'isolement qu'à l'état de combinaison, est un liquide dense, gras, inodore et pesant presque deux fois plus que l'eau. Celui du commerce marque 66° environ, à l'aréomètre de Beaumé ; on l'obtient en brûlant du soufre dans une chambre de plomb, où l'on fait arriver en même tems de la vapeur d'eau et du gaz nitreux. Celui-ci cède de l'oxigène à l'acide sulfureux qui se forme par la combustion du soufre, et il se produit de l'acide sulfurique.

Le gaz acide carbonique est produit par la combustion du carbone, c'est-à-dire, la combinaison de ce corps avec l'oxigène ; et quoiqu'il ne soit pas employé dans un état d'isolement par le teinturier, nous le signalons, parce qu'il joue un grand rôle dans la fermentation que l'on entretient dans la plupart des cuves où l'indigo est mis en dissolution ; ce gaz est un produit des décompositions végétales et animales.

L'azote, par sa combinaison avec l'oxigène, produit deux acides, le gaz acide nitreux, et l'acide nitrique, qui contiennent des proportions différentes de principe acidifiant. L'acide nitrique, que l'on n'obtient jamais privé d'eau, est un liquide incolore, pesant une fois et demie plus que l'eau, jouissant des propriétés acides les plus prononcées, désorganisant par son contact les substances végétales et animales qu'il colore en jaune, ayant une odeur particulière assez désagréable, et susceptible d'être décomposé lentement par la lumière solaire qui en dégage de l'oxigène à l'état de gaz, et en convertit une partie en gaz nitreux qui reste en dissolution dans la liqueur et la colore en jaune et en brun.

Cet acide est d'un grand usage dans la teinture où on l'emploie pour préparer différentes dissolutions métalliques, avec l'étain, le plomb, le bismuth, le fer et même le zinc; d'ordinaire son action sur ces métaux, est accompagnée d'un dégagement de gaz nitreux qui provient de la décomposition d'une partie de l'acide nitrique qui cède une certaine quantité d'oxigène au métal. On se le procure en traitant le nitrate de potasse, ou salpètre, que l'on rencontre dans la nature, par l'acide sulfurique qui se combine avec la potasse, et dégage l'acide nitrique sous forme de vapeurs blanches ; ces vapeurs, conduites à l'aide de tubes de verre, sont reçues dans des flacons où elles se dissolvent dans l'eau. Le mélange d'acide sulfurique et de nitre a besoin d'être légèrement échauffé pour que la réaction s'établisse.

L'acide nitreux est un gaz rutilant, d'une saveur forte et d'une odeur suffocante, et quoiqu'il s'en trouve en dissolution dans la plupart des dissolutions métalliques préparées au moyen de l'acide nitrique, on peut dire qu'il n'est pas d'un usage direct et immédiat dans la teinture.

L'acide que l'on désigne aujourd'hui sous le nom d'hydrochlorique, était appelé muriatique dans l'ancienne théorie, et il était alors regardé comme composé d'oxigène, et d'un radical qu'on n'avait jamais pu séparer. Aujourd'hui on le nomme hydrochlorique parce qu'on le regarde comme une combinaison d'un corps simple qu'on appelle chlore avec l'hydrogène. On le retire du sel marin, qui est un hydrochlorate de soude, à l'aide de l'acide sulfurique qui s'empare de cette base saline et forme un sulfate. Le gaz hydrochlorique qui se dégage, est conduit à l'aide de tubes de verre, dans des flacons à demi pleins d'eau, où il se dissout. Le matras ou la cornue qui contiennent le mélange de sel et d'acide, sont échauffés par quelques charbons.

L'acide hydrochlorique est d'un usage très-répandu en teinture, où on l'emploie pour un grand nombre de dissolutions. Dans ce cas, il accompagne ordinairement l'acide nitrique. On l'emploie aussi à l'état d'isolement pour modifier ou altérer diverses nuances; et il est en outre d'un usage presque général dans le blanchîment.

Lorsqu'on ajoute du peroxide de manganèse, au mélange d'acide sulfurique et de sel marin, l'acide hydrochlorique qui se dégage, abandonne son hydrogène au peroxide métallique qui passe à un moindre degré d'oxidation, et il y a production d'eau et dégagement de chlore. Dans l'ancienne théorie, où le chlore était appelé acide muriatique oxigéné, on supposait que l'acide muriatique enlevait de l'oxigène au peroxide de manganèse, et que c'était à ce surcroît d'oxigénation qu'il devait ses propriétés nouvelles. Ainsi donc, le chlore est regardé aujourd'hui comme du gaz muriatique moins de l'hydrogène, tandis qu'on le regardait autrefois comme du gaz muriatique oxigéné. Ces deux hy-

pothèses se prêtent également à l'explica-
tion de tous les phénomènes ; cependant
la première a prévalu, parce qu'elle paraît
être plus constamment d'accord avec l'a-
nalyse.

Le chlore, d'un grand usage dans le
blanchîment, a la propriété de rendre solubles dans les alcalis, la matière colorante fauve des toiles à laquelle il enlève
de l'hydrogène. Pendant quelque tems
on en a fait usage à l'état de dissolution
dans l'eau, mais son odeur forte y a fait
presque entièrement renoncer, et on ne
l'emploie guère aujourd'hui que dans un
état de combinaison avec différens oxides
alcalins, tels que la chaux, la soude, la
potasse et la magnésie.

Les composés que forme le chlore avec
les oxides, ou avec les corps combustibles,
se nomment chlorures. Les combinaisons
du chlore avec les métaux, ne subsistent
qu'à l'état sec, et leur contact avec l'eau
les convertit en hydrochlorates, par suite
de la décomposition d'une partie de ce
liquide, dont l'hydrogène se combine avec
le chlore, et l'oxigène avec le métal. Quant
aux chlorures d'oxides, ou combinaisons
du chlore avec les oxides, ils sont au contraire assez permanens à l'état liquide,

et ils jouissent de la plupart des propriétés du chlore, tandis que les chlorures des métaux n'en jouissent pas.

Le chlore a la propriété de se combiner avec différentes proportions d'oxigène , et de donner naissance à divers acides; mais nous ne parlerons pas de ces composés, qui ne nous présentent aucun intérêt.

Dans la teinture, on emploie fréquemment , pour opérer la dissolution de certains métaux, et de l'étain en particulier, un mélange d'acide nitrique et d'acide hydrochlorique qui a des propriétés dissolvantes, que l'acide nitrique seul ne possède pas. On a observé que dans la réaction simultanée de ces deux acides, par exemple sur l'étain, il se produisait toujours de l'ammoniaque qui restait en dissolution dans la liqueur. Cette ammoniaque se forme au dépend de l'azote, d'une partie de l'acide nitrique, et l'hydrogène lui est fournie par l'eau, dont l'oxigène est déterminé à se porter sur le métal par la présence de l'acide hydrochlorique ou des deux acides réunis. Du reste, cette ammoniaque ne joue pas dans la teinture de l'écarlate un aussi grand rôle que le prétend Berthollet, et sa présence n'est pas nécessaire pour que les tissus ne soient pas attaqués par l'acide, durant le cours de l'opération.

Après ces détails sur les principaux acides minéraux, en usage dans la teinture, nous allons parler de ceux que cet art emprunte aux substances végétales et animales.

L'acide acétique est un acide incolore, ordinairement liquide, d'une odeur forte et assez agréable, et qui existe tout formé dans plusieurs substances végétales. On l'obtient par l'exposition à l'air des liqueurs spiritueuses, ou par la distillation du bois vert, et la purification du produit qui est mêlé avec de l'huile empyreumatique. Cet acide est d'un grand usage dans la teinture, à l'état de combinaison avec différens métaux, et en particulier le fer, le cuivre et le plomb. Nous parlerons plus tard de ces composés salins et de leur emploi.

L'acide tartrique s'extrait du tartre, ou tartrate acide de potasse, que l'on rencontre en grande quantité dans la lie de vin. A cet effet, on décompose le tartrate de potasse par la craie, et il se forme un tartrate de chaux que l'on décompose par l'acide sulfurique étendu d'eau. L'acide tartrique abandonne la chaux, et reste en dissolution dans la liqueur que l'on évapore jusqu'à ce que sa cristallisation s'effectue. Cet acide est employé quelquefois dans la teinture, pour réagir sur certaines substances colorantes, ou altérer et modifier certaines nuances; du reste, il est d'un fréquent usage à l'état de combinaison avec différentes bases salifiables.

L'acide citrique, sous forme cristalline comme le précédent, pourrait être employé à peu près aux mêmes usages; mais comme il est beaucoup plus rare, on ne s'en sert guère que dans la teinture en rose par le carthame. Cet acide existant dans tous les fruits du genre *citrus*, s'extrait de leur suc que l'on a saturé avec de la craie, en décomposant le citrate obtenu, au moyen de l'acide sulfurique étendu d'eau, et évaporant la liqueur surnageante jusqu'à consistance de syrop.

L'acide oxalique existe en assez grande quantité dans le suc de l'oseille, où il est combiné avec la potasse; mais on le prépare ordinairement en traitant l'amidon ou le sucre par sept à huit fois leur poids d'acide nitrique, et faisant évaporer lentement le mélange jusqu'à ce qu'il puisse cristalliser par le refroidissement. On pu—

rifie ces cristaux en les dissolvant dans l'eau, et concentrant la dissolution jusqu'à ce que l'acide cristallise de nouveau. Cet acide a la propriété de dissoudre le fer avec la plus grande facilité, aussi est-il d'un grand usage dans la teinture des toiles pour détruire les couleurs auxquelles ce métal sert de base.

L'acide gallique existe tout formé dans la noix de galle, et la plupart des végétaux astringens, d'où on l'extrait par différens procédés assez longs que nous ne rapporterons pas ici, parce que cet acide n'est nulle part employé dans un état d'isolement. Cet acide que l'on obtient cristallisé, et qui est assez soluble dans l'eau, a une grande affinité pour le fer qu'il enlève à tous les autres acides, et avec lequel il forme un précipité d'un bleu opaque et foncé qui paraît noir ; aussi les substances qui le renferment sont-elles d'un grand usage dans la teinture en noir. Outre cet acide, ces substances contiennent encore une matière particulière appelée tannin qui se comporte à plusieurs égards comme acide, et qui forme avec les oxides métalliques des précipités diversement colorés. Le précipité qu'elle forme avec le fer est de couleur noire, et comme elle a une grande affinité pour les matières colorantes et pour les sujets à teindre, elle accompagne utilement l'acide gallique dans toutes les teintures en noir ou en gris.

L'acide prussique est un acide liquide, mais très-volatil, qui peut être fourni indistinctement par les végétaux et les animaux. Il existe dit-on tout formé dans les amandes amères et les fleurs de pêcher; mais il se reproduit aussi en assez grande abondance pendant la calcination des matières animales. Ces matières sont mêlées, avant leur calcination, à une certaine quantité de potasse qui se convertit en prussiate. L'acide prussique est un des poisons le plus actifs; mais il n'est d'aucun usage dans la teinture, à l'état d'isolement, et on ne l'y emploie jamais que combiné avec les alcalis ou le fer.

SELS.

On donne le nom de sels au produit de la combinaison des acides avec les oxides métalliques. Lorsque l'acide est prédominant, le composé porte le nom de *sur-sel* ou de *sel acide*, et il porte au contraire celui de *sous-sel*, lorsque c'est la base qui est en exès. La dénomination des différen-

composés salins, est dérivée de celle de l'acide qui les a formés. Pour les désigner, on change en *ate* la terminaison du nom de l'acide terminé en *ique*, et on y ajoute celui de l'oxide. Si l'acide était terminé en *eux*, le nom du sel serait terminé en *ite*. C'est ainsi que l'on appelle *sulfates* et *sulfites*, *nitrates* et *nitrites*, de tels ou tels corps, le produit de la combinaison de ces corps avec les acides sulfurique et sulfureux, nitrique et nitreux.

La plupart des sels sont susceptibles de cristalliser ; mais les formes de leurs cristaux sont très-variées. Ces cristaux s'obtiennent communément en concentrant la dissolution du sel, et abandonnant ensuite au repos la liqueur concentrée : d'ordinaire elle se prend en masse cristalline en refroidissant. Si la dissolution, au lieu d'être évaporée sur le feu, est abandonnée à une lente évaporation à l'air libre, ou obtient alors une cristallisation moins confuse et plus régulière. Le même sel, lorsque les mêmes circonstances se représentent, affecte toujours des formes cristallines tout-à-fait pareilles.

Les sels en cristallisant retiennent toujours une certaine quantité d'eau, qui est combinée avec chacune de leurs molécules.

Cette eau qu'on appelle *de cristallisation*, forme quelquefois jusqu'à la moitié du poids, de différens sels, et suffit pour les dissoudre à l'aide de la chaleur. Si après les avoir dissous de la sorte, on continue à les tenir sur le feu, ils ne tardent pas à se dessécher, et ils finissent par éprouver une seconde fusion qu'on appelle la *fusion ignée*.

Il y a des sels qui ont la propriété d'abandonner leur eau de cristallisation, et de se réduire en poudre par le seul effet de leur exposition à l'air libre. Ces sels sont appelés *efflorescens*. D'autres au contraire attirent fortement l'humidité de l'atmosphère, et passent quelquefois à l'état liquide : dans ce dernier cas, on les appelle *déliquescens*.

Il est à remarquer que toutes les fois que l'on mêle deux dissolutions salines, elles se décomposent mutuellement, si les combinaisons qui doivent en résulter sont moins solubles que celles qui étaient déjà formées ; alors il se fait un échange de base entre les acides, et chacun d'eux s'empare de celle pour laquelle il a le plus d'affinité. Quelquefois les deux sels restent mêlés sans réagir l'un sur l'autre ; et lorsqu'ils n'ont pas la même solubilité, on peut les séparer en concentrant le mélange jusqu'à ce que le moins soluble se précipite ; d'autres fois, mais cela n'arrive presque jamais que lorsque les deux sels sont formés par le même acide, ou que les deux acides sont suceptibles de s'unir entre eux, il se forme un nouveau composé salin qui jouit de propriétés particulières, et participe de la nature des deux sels que l'on avait mélangés. En général les sels ne réagissent les uns sur les autres, qu'à l'état de dissolution, ou du moins s'ils sont insolubles, quand ils sont nouvellement précipités, humides et très-divisés.

Après ces considérations générales, nous allons nous livrer à une étude particulière des différens sels employés par le teinturier. Nous les décrirons dans le même ordre que nous avons déjà suivi, lorsque nous avons traité des acides.

Sulfates.

Les sels formés par la combinaison de l'acide sulfurique avec les bases salifiables, portent le nom de *sulfates*. Ceux d'entre ces sels qui sont le plus communément employés en teinture, sont les sulfates de fer et de cuivre, et le sur-sulfate, ou sulfate acide d'alumine et de potasse.

On connaît trois sulfates de fer : le protosulfate, le deutosulfate, et le tritosulfate; mais il n'y a guère que le premier qui soit employé en teinture.

Le protosulfate, appelé aussi couperose, couperose verte, est en cristaux verts, transparens qui ont une saveur métallique très-agréable. Exposé à l'air, il en absorbe lentement l'oxigène, et se recouvre de taches jaunâtres qui sont du sous-tritosulfate de fer. Ce sel est très-soluble dans l'eau, mais sa dissolution exposée à l'air ne tarde pas à attirer l'oxigène, et à se convertir en sous-tritosulfate jaune qui se précipite, et en sur-tritosulfate rouge qui reste en dissolution. Dans cet état, cette dissolution ferrugineuse, quoique très-propre encore à divers usages, et notamment pour communiquer un pied de rouille aux sujets à teindre, n'est plus propre à remplacer la couperose dans les circonstances où l'on a besoin que le métal soit peu oxidé, comme lorsqu'on la fait agir sur l'indigo très-divisé pour lui enlever une portion de son oxigène, et le rendre soluble dans les alcalis.

La couperose joue le rôle le plus important dans la teinture en noir, et en général dans la composition des couleurs dont on veut rendre la teinte plus sombre par l'opération qu'on appelle *bruniture*. On a vu en effet qu'elle produisait un précipité noir par l'acide gallique et par le tannin ; et l'on conçoit dès lors aisément, comment un tissu combiné avec ces substances se colore en noir, par l'action d'une dissolution ferrugineuse. Mais le sulfate de fer n'est pas employé seulement pour la teinture en noir et les brunitures, on l'emploie encore concurremment avec d'autres sels pour modifier leur effet ; et son action sur les matières colorantes étant très-variée, il s'ensuit qu'il y a peu de couleurs, où, dans certains cas, il ne soit possible de l'employer avec avantage. Enfin, employé seul ou concurremment avec un nitrate de la même base, il sert à donner aux sujets à teindre le pied de rouille qui, combiné avec un prussiate alcalin, produit le bleu que l'on connaît sous le nom de bleu de Prusse. Ce sel se rencontre dans la nature en beaucoup d'endroits, et on l'extrait des terre savec lesquelles il est mêlé par la lixiviation et l'évaporation; rarement il est un produit de l'art.

Le deutoxide de cuivre peut se combiner en différentes proportions avec l'acide sulfurique, mais l'on n'emploie en teinture que celle de ces combinaisons qui retient un excès d'acide. Le sel produit, qui est un deuto-sulfate acide, et qui est connu populairement sous le nom de couperose bleue ou vitriol bleu, est employé dans la teinture à des usages assez étendus ; et la propriété qu'il a de former un précipité bleuâtre avec le bois d'inde, le rend utile dans la teinture de divers tissus auxquels on veut communiquer une nuance d'un noir un peu bleu. Ce sel a une saveur stiptique, âcre et caustique ; il est soluble dans quatre parties d'eau froide et deux d'eau bouillante, et se rencontre en assez grande abondance dans la nature, d'où on l'extrait en lessivant les pyrètres qui le contiennent. Quelquefois on l'unit au sulfate de fer dans des proportions indéterminées, et on l'emploie dans cet état en teinture : ce sulfate double à base de cuivre et de fer, est connu dans le commerce sous le nom de vitriol de Salzbourg.

Le sulfate acide d'alumine forme le sel connu vulgairement sous le nom d'alun, par l'addition d'une certaine quantité de sulfate de potasse ou d'ammoniaque : ce nouveau composé, qui est un sel double, jouit des propriétés les plus remarquables par son action sur les matières colorantes et sur les tissus. Quoique l'acide sulfurique retienne fortement l'alumine, on ne peut douter que les matières animales lui en enlèvent une proportion assez forte, à la faveur d'une température élevée ; soit que ces matières contiennent quelques principes qui neutralisent une partie de l'acide, en l'entraînant dans de nouvelles combinaisons ; soit que les parties du sel qui demeurent en dissolution, acquièrent un excès d'acidité proportionnel à la partie de la base qui s'est combinée avec le tissu : dans tous les cas, on peut toujours regarder l'alun comme le plus utile des sels qu'emploie la teinture, tant par l'éclat et la solidité qu'il prête aux couleurs, que par son affinité pour tous les tissus.

L'alun se rencontre en quelques endrois tout formé dans la nature, mais souvent aussi on le fabrique de toutes pièces. Quoi qu'il en soit, lorsqu'il est impur et qu'il contient une certaine quantité de fer, on le purifie en le faisant dissoudre dans l'eau bouillante, et laissant cristalliser la dissolution ; les matières qui altèrent sa pureté sont rejetées avec les eaux mères, et après trois ou quatre cristallisations successives, on obtient toujours un alun parfaitement pur : on appelle *eaux mères*, la partie d'une dissolution saline qui reste liquide lorsque la cristallisation a eu lieu.

Quoique les sulfates dont nous venons de parler soient les seuls que les teinturiers aient coutume d'employer, nous ajouterons cependant que l'on peut utiliser encore, dans beaucoup de cas, les sulfates de chaux, de zinc et d'étain.

Carbonates.

Les carbonates de potasse et de soude sont les seuls qui soient employés dans la teinture; et cela sans doute parce qu'ils sont les seuls carbonates qui soient solubles : ces sels sont l'objet d'une consommation très-considérable, et leur étude est d'une haute importance pour le teinturier.

Les combinaisons salines de la potasse et de la soude avec l'acide carbonique, ne sont jamais employées dans la teinture qu'avec excès de base, c'est-à-dire à l'état de sous-carbonates : dans cet état, elles conservent des propriétés alcalines très-prononcées, et on leur donne encore généralement le nom d'alcalis.

Le sous-carbonate de soude est un sel

alcalin, susceptible de s'effleurir à l'air, et que l'on obtient par l'incinération de certaines plantes marines, ou par la calcination dans un four, du sulfate de soude mêlé de charbon et de chaux. Dans le premier cas, le sous-carbonate de soude contient de la silice, de l'alumine, de la magnésie, des oxides de manganèse et de fer, et un peu de prussiate de soude; dans le second, il contient du sulfure de chaux, du sulfate et du sulfite de soude, de la soude caustique, du charbon, et quelques oxides terreux fournis par la chaux ou détachés de la sole du four.

Pour obtenir le sous-carbonate de soude dans un état de pureté suffisant pour les usages de la teinture, on pulvérise la soude artificielle, on la traite par trois ou quatre parties d'eau froide, et lorsque la partie claire de la dissolution est écoulée, on ajoute encore deux parties d'eau que l'on soutire de nouveau quelque tems après, et que l'on remplace par une quantité égale du même liquide. La liqueur fournie par les dernières additions d'eau, est employée pour lessiver de nouvelles soudes; mais la liqueur des premiers lessivages est évaporée jusqu'à ce que la cristallisation puisse avoir lieu par le refroidissement. Les eaux mères de cette cristallisation sont ajoutées au marc de soude qui a été épuisé par l'eau froide, et que l'on traite par l'eau bouillante avant que de le jeter : le produit de cette dernière lixiviation, mêlé à du carbone très-divisé, comme des pommes de terre ou du son, et évaporé jusqu'à siccité, est ensuite porté dans un tour où on le calcine, et où il devient propre à donner de nouvelle soude.

Les premiers lessivages à froid desquels nous avons vu que l'on retirait, par l'évaporation, du sous-carbonate de soude suffisamment pur, sont ordinairement exposés à l'air pendant quelques jours, avant que d'être portés sur le feu, et par ce moyen, la portion de soude qu'ils contenaient à l'état caustique, passe entièrement à l'état de sous-carbonate.

On peut aussi débarrasser la soude des substances étrangères, en la dissolvant dans l'eau chaude, et séparant les sels étrangers qui sont moins solubles à mesure qu'ils se précipitent ou qu'ils se cristallisent ; mais ce dernier procédé, quoique plus simple, nous paraît beaucoup moins avantageux que le précédent.

Le sous-carbonate de soude est d'un grand usage dans la teinture, tant pour la

dissolution de l'indigo, et pour le blanchîment des fils et cotons, que pour la
préparation d'une émulsion savonneuse où
l'on incorpore de l'huile d'olives à cet alcali. On l'emploie encore quelquefois en
teinture pour donner plus de ton à certaines matières colorantes ou modifier leur
nuance. Le sous-carbonate de soude cristallisé, contient la moitié de son poids
d'eau ; aussi, lorsqu'il est effleuri et réduit
en poussière blanche, on doit toujours
l'employer à moitié dose pour le même objet.

La détermination de la quantité d'alcali contenue dans les différentes soudes ou
potasses du commerce, étant un objet d'un
intérêt important pour le teinturier, nous
allons exposer succinctement à l'aide de quel
procédé on peut parvenir à ce résultat.

On sait que les acides, en se combinant
avec les bases salifiables, perdent leurs propriétés, et peuvent donner naissance à des
produits qu'on appelle neutres, c'est-à-dire
dans lesquels les qualités de l'acide et de la
base se trouvent totalement déguisées.
Partant de là, l'on concevra aisément que
l'alcali qui exigera le plus d'acide pour se
saturer, sera celui qui contiendra une moindre quantité de sels étrangers. Ainsi, pour

determiner le titre d'un échantillon de potasse ou de soude, on commencera par le
passer exactement et le dissoudre dans un
volume d'eau bien connu. Chaque subdi-
vision de ce volume, chaque décilitre par
exemple, contiendra alors une certaine
quantité d'alcali, et ce sera dix grammes,
si nous voulons. Alors nous introduirons
un décilitre de cette dissolution dans une
capsule, et d'un autre côté nous péserons
dix grammes d'acide sulfurique à 66° de
l'aréomètre, et nous étendrons cet acide
dans neuf fois son poids d'eau. Le mélange
étant bien effectué, nous verserons peu à
peu, partie par partie, la liqueur acide
dans la dissolution alcaline, jusqu'à la saturation complète de l'alcali, c'est-à-dire,
jusqu'à ce qu'un papier teint en bleu de
tournesol, et puis rougi par l'acide, cesse
de bleuir, ou bien jusqu'à ce qu'un papier
teint en jaune de curcuma, cesse de rougir.
A ce terme, nous regarderons quelle est la
quantité d'acide employée, et nous dirons
que l'alcali est à 20, 30, 40, 60 degrés, etc.
lorsqu'il aura nécessité pour sa neutralisa-
tion, 20, 30, 40 ou 60 centièmes de son
poids d'acide.

Le sous-carbonate de potasse entre dans
la composition des cendres de tous les vé-

gétaux, et on l'extrait en grand dans les pays de forêts, par la lixiviation des cendres, la concentration de la lessive, et la calcination du résidu salin dans des fours à réverbère. La potasse ne se trouve pas dans les plantes à l'état de sous-carbonate, mais les acétates, oxalates ou tartrates qu'elles contiennent, sont décomposés par l'action du feu, et convertis en sous-carbonates. Ce sel, tel qu'il se trouve dans le commerce, est uni à une certaine quantité d'autres sels, tels que le sulfate de potasse et les hydrochlorates de la même base et de soude. On y trouve aussi en quantité variable du sulfure de potasse, de l'alumine, de la silice, du charbon et du fer; néanmoins, le sous-carbonate de potasse y domine toujours; aussi la potasse du commerce marque-t-elle de 45 à 60 degrés, lorsqu'on en fait l'épreuve de la manière que nous venons d'indiquer. La valeur intrinsèque des soudes brutes naturelles est beaucoup plus variable; on en trouve qui ne marquent que huit ou dix degrés, et il est très-rare qu'elles marquent de 20 à 30. Le sous-carbonate de soude cristallisé en marque de 30 à 36. Il en marque le double lorsqu'il est totalement effleuri.

Le sous-carbonate de potasse est de l'usage le plus étendu dans la teinture. Il sert de dissolvant à différentes matières colorantes, et on l'emploie souvent pour donner plus de fond aux bains de teinture; quelquefois il sert seulement à modifier les nuances qu'on a obtenues; mais son principal usage est dans la teinture du bleu par l'indigo dont il est le dissolvant ordinaire.

Le sous-carbonate de potasse attire fortement l'humidité de l'air, et finit par se résoudre en liqueur. Ce sel blanc, lorsqu'il est pur, mais plus ou moins bleu, gris ou rougeâtre lorsqu'il est impur, est âcre et caustique, et verdit fortement le sirop de violette. Il se dépouille de son acide carbonique, ainsi que la soude, lorsqu'on le mêle avec une ou deux parties de chaux vive et qu'on étend le mélange de beaucoup d'eau. Dans cet état, il est d'un grand usage dans le blanchîment, pour dissoudre la matière colorante des toiles que l'action des acides, a rendu soluble. Le tartre, ou surtartre de potasse calciné, se convertit en un sous-carbonate de la même base plus riche en alcali que celui qui provient des cendres du bois. On le connaît dans le commerce sous le nom de cendres gravelées.

Le sous-carbonate de chaux, qui constitue la craie, le marbre et toutes les pierres à chaux, est un sel peu usité dans la teinture, on ne s'en sert guère que pour corriger l'acidité de certaines dissolutions dont l'acide sulfurique fait partie, et rehausser certaines nuances.

Nitrates.

Les nitrates sont le produit de la combinaison de l'acide nitrique avec les bases salifiables. Ils ont la propriété de se décomposer par l'action du feu et d'activer la combustion des charbons. Ils sont en grand nombre, quoiqu'on ne rencontre dans la nature que ceux de potasse, de soude, de chaux et de magnésie ; mais nous ne parlerons ici que des nitrates de potasse et de fer, parce que ce sont les seuls dont on fasse un assez grand usage dans la teinture.

Le nitrate potasse, nitre ou salpètre, s'extrait en France des vieux plâtres et des terres imprégnées d'exhalaisons animales, par la lixiviation et l'évaporation. Dans les pays chauds où il pleut rarement, on le rencontre quelquefois en efflorescence à la surface du sol. Quoiqu'il en soit, lorsqu'il est purifié, ce qui se pratique en le séparant des sels étrangers qui se précipitent de sa dissolution bouillante et concentrée, on le fait servir à la préparation de l'acide nitrique, en l'exposant à la réaction de l'acide sulfurique dans un matras ou une cornue, et en échauffant légèrement le mélange. Ce sel n'est guère employé en teinture que comme un utile ingrédient de certains mordans.

Le fer, dans sa combinaison avec l'acide nitrique, passe toujours au médium ou au summum d'oxidation. Le deuto-nitrate s'obtient en traitant à froid le deutoxide de fer par l'acide nitrique étendu de deux fois son poids d'eau, et le trito-nitrate en traitant du fil ou de la limaille du même métal par de l'acide un peu moins étendu. Le premier de ces sels est susceptible de cristalliser; mais le second, d'un brun rougeâtre, est toujours liquide, et il se décompose l'orsqu'on l'évapore à siccité. Ces sels sont employés dans l'impression des toiles, pour la préparation des mordans de noir, pour la production de la couleur bleue par les prussiates, et quelquefois pour modifier les effets d'autres mordans dans la teinture des laines.

Outre ces nitrates, on peut encore faire usage dans la teinture, des nitrates de plomb, de zinc, de bismuth et de cuivre, mais le premier est le seul dont l'usage ait commencé à se répandre.

Hydrochlorates.

Les hydrochlorates sont des sels volatils, mais indécomposables par la chaleur. Ils sont produits par la combinaison de l'acide hydrochlorique avec les bases salifiables. Les plus employés en teinture sont ceux de soude, d'ammoniaque et d'étain.

L'hydrochlorate de soude, ou sel marin, s'extrait par l'évaporation des eaux de la mer. Il a une saveur franche particulière, et sert à préparer dans le commerce tout l'acide hydrochlorique dont on a besoin. A cet effet on l'introduit dans un matras ou une cornue, avec de l'acide sulfurique, et on recueille le gaz qui se dégage par l'application de la chaleur. Ce gaz dissous dans l'eau est l'acide hydrochlorique du commerce. Le sel marin entre comme un composant utile dans plusieurs mordans, et on l'emploie quelquefois isolément dans divers

bains de teinture pour en modifier la nuance.
Ses usages se bornent à peu près à cela.

L'hydrochlorate d'ammoniaque, ou sel
ammoniac, a des usages assez analogues à
ceux de l'hydrochlorate de soude. Autrefois
on l'exportait du Levant, où on l'obtenait
par la sublimation de la suie des cheminées
qui en contient beaucoup dans ces pays-là,
parce qu'on n'y brûle guère que de la fiente
de chameaux ; mais maintenant on le prépare en Europe par la combinaison directe
de l'acide hydrochlorique et de l'ammoniaque que l'on se procure par la distillation des matières animales.

L'hydrochlorate d'étain, ou sel d'étain,
se prépare en faisant réagir à chaud de
l'acide hydrochlorique concentré sur de
l'étain très-divisé. Le sel cristallise par le
refroidissement. Il est sous forme de petites
aiguilles blanchâtres, très-styptique, et
très-soluble dans l'eau. Dans cet état il est
au minimum d'oxidation ; mais l'exposition
à l'air libre le fait passer bientôt à l'état de
sous-deuto-hydrochlorate insoluble ; aussi
doit-on avoir soin de l'abriter du contact
de l'air. Ce sel est employé assez fréquemment, soit pour ajouter à la solidité de
certaines couleurs, soit pour modifier leur
nuance.

Le deuto-hydrochlorate d'étain ne se préparant jamais qu'à l'aide de l'action simultanée de l'acide nitrique et de l'acide hydrochlorique, nous l'appellerons hydrochloro-nitrate d'étain, parce qu'il a des propriétés particulières qu'il doit à la présence de l'acide nitrique, et qui font voir que cet acide n'a pas seulement pour effet d'oxider l'étain. Ce sel n'a pas la propriété de cristalliser, et le procédé que l'on suit pour le préparer diffère pour ainsi dire dans chaque atelier. Il diffère encore selon l'usage auquel il est destiné. Nous dirons ici seulement que l'on ajoute à l'acide nitrique une quantité variable d'acide hydrochlorique ou d'hydrochlorate d'ammoniaque ou de soude, et que l'on fait réagir cet acide ainsi modifié sur des quantités variables d'étain. Le deuto-hydrochlorate d'étain, connu sous le nom général de dissolution d'étain, est un des sels dont l'usage est le plus général en teinture, où on l'emploie, tant pour communiquer aux couleurs plus de solidité et d'éclat, que pour modifier diversement leurs nuances. Berthollet, Bancroft et Vitalis ont émis l'opinion que c'est à la production de l'ammoniaque, qui a lieu durant la dissolution de l'étain, que l'on doit attribuer le peu d'altération des étoffes dans les opérations où l'on fait usage de ce mordant, et particulièrement dans la teinture écarlate. Nous pensons que cette opinion n'est que spécieuse, et nous avons fait des expériences réitérées qui nous démontrent, qu'à la dose où il est convenable de l'employer, l'acide nitrique sans addition d'autre acide, et conséquemment sans production d'ammoniaque, ne peut être cause d'aucune altération sensible sur les tissus. Cependant, dans la teinture écarlate, nous employons constamment cet acide à plus forte dose que ne le prescrivent les savans chimistes que nous venons de nommer.

Chlorures.

Quoique les chlorures ne soient pas regardés comme des sels depuis que l'on a rangé le chlore parmi les corps simples, cependant nous en comprendrons l'étude dans ce paragraphe, parce que les bornes de notre ouvrage ne nous permettent pas de multiplier les divisions. Nous ne parlerons pas des chlorures métalliques qui, à l'état de dissolution, sont regardés comme des hydrochlorates ; nous décrirons seulement ceux d'entre les chlorures d'oxides qui sont en usage dans le blanchîment. Au premier rang sera le chlorure de chaux.

Le chlorure de chaux qui a été substitué au chlore, depuis quelques années, dans tous les usages des arts, se prépare en combinant le chlore à l'état gazeux avec de la chaux éteinte à l'air et très-divisée, et qui contient environ le quart de son poids d'eau. Cette combinaison s'opère communément dans des barriques, où le chlore est amené à l'aide de tubes de plomb et où l'on entretient la chaux dans un mouvement continuel pour éviter qu'elle ne s'échauffe ; car, dans ce cas, l'eau de l'hydrate se décomposerait partiellement, et il se formerait un chlorate et un hydrochlorate de chaux qui ne jouissent d'aucune des propriétés du chlore. Dans quelques fabriques, on amène le gaz dans une chambre revêtue de plâtre, où sont rangées une multitude de tablettes qui portent une petite couche de chaux, et qui sont également revêtues de plâtre.

Le chlorure de chaux possède, comme les autres chlorures d'oxides, les propriétés décolorantes du chlore, par suite de l'affinité qu'il exerce sur l'hydrogène des substances végétales dont il s'empare en se convertissant en hydrochlorate. On en fait un grand usage dans le blanchîment, où on en prépare des dissolutions plus ou moins actives dans lesquelles on plonge les divers tissus de coton ou de lin. En teinture, on en fait aussi un usage assez étendu, mais c'est uniquement pour détruire certaines couleurs, ou imprimer des réserves blanches.

Les chlorures de potasse, de soude et de ag nésie peuvent être employés aux mêmes usages que celui de chaux, mais leur cherté rend leur emploi moins commun. Cependant le chlorure de magnésie jouit d'une préférence marquée sur tous les autres, toutes les fois qu'il s'agit de blanchir des fonds, c'est-à-dire de rendre leur blancheur primitive à des parties qui ne doivent pas être teintes ; en effet, comme les propriétés alcalines de la magnésie sont peu prononcées, elle n'agit pas sur les couleurs déjà appliquées, comme la potasse, la soude ou la chaux ; et d'un autre côté, comme elle est soluble dans tous les acides, on ne s'expose pas, en l'employant, à produire un sel qui se combine avec les tissus, et altère les nuances qu'on veut obtenir ; ce qui arrive lorsqu'il se forme du sulfate de chaux aux dépends du chlorure de la même base.

Acétates.

Les acides végétaux ont, comme les acides minéraux, la propriété de former des sels avec les bases salifiables. Plusieurs de ces sels sont d'un usage journalier en teinture; nous commencerons leur étude par celle des acétates.

Les acétates sont des sels très-solubles que l'on prépare par la combinaison directe de leur acide avec l'oxide métallique, ou par la voie des doubles décompositions. Jusqu'ici ils n'ont été employés en teinture qu'au nombre de quatre, qui sont les acétates de plomb, d'alumine, de cuivre et de fer.

L'acétate de plomb, sel de saturne ou sucre de plomb, se prépare par la combinaison directe de l'oxide de ce métal et de l'acide acétique. Il est d'un grand usage dans l'impression des toiles, où on l'emploie concurremment avec l'alun à l'acide duquel il cède sa base, tandis que son acide se combine avec l'alumine. On l'emploie aussi pour préparer l'acétate d'alumine en particulier. A cet effet, on fait dissoudre trois parties d'alun et une partie d'acétate de plomb, dans huit parties d'eau chaude, après quoi on ajoute à cette dissolution un huitième de partie de potasse et autant de craie. On agite ensuite à différentes reprises pour faciliter la réaction des matières, et l'on décante quand le dépôt est bien formé. L'acétate d'alumine obtenu en dissolution doit marquer de 7 à 8° à l'aréomètre de Beaumé. Dans cet état il n'est pas tout-à-fait pur, et il contient toujours du sulfate de potasse ou d'ammoniaque, selon la composition de l'alun. Du reste, le mélange de ces substances ne nuit en rien pour l'usage auquel il est destiné.

Il faut observer, lorsque l'on décante la liqueur claire qui surnage le précipité, d'attendre que cette liqueur soit refroidie, parce qu'à une température un peu élevée, l'acide acétique se sépare de l'alumine, et qu'il ne la redissout de nouveau, qu'à mesure que son refroidissement s'effectue.

L'acétate de cuivre se rencontre sous deux états dans le commerce, mélangé avec de l'oxide de cuivre, et à l'état cristallin. Dans ces deux états il a les mêmes propriétés ; seulement lorsqu'il est mêlé avec de l'oxide, il produit moins d'effet que lorsqu'il est pur, et il faut en employer un peu plus. Du reste, pour convertir le verdet non cristallisé en verdet cristallisé, il suffit de le triturer et de le traiter par le vinaigre bouillant ; le vinaigre dissout tout l'oxide, et la liqueur évaporée cristallise par le refroidissemment : ce sel est d'un assez grand usage pour modifier certaines nuances ; cependant on peut presque toujours le remplacer par le sulfate du même métal.

L'acétate de fer, liqueur de ferraille ou de tonné au noir, se prépare en traitant de vieux fers oxidés par du vinaigre, ou par l'acide acétique qui provient de la distillation du bois, et que l'on affaiblit convenablement par une certaine quantité d'eau : ce sel, d'une couleur d'un rouge brun, et d'une odeur particulière, doit marquer de 5 à 6 degrés à l'aréomètre de Beaumé : il contient l'oxide de fer au maximum d'oxigénation ; et on l'emploie dans la teinture des fils et cotons, non-seulement pour la production du noir, mais encore pour modifier d'une manière avantageuse la plupart des teintes.

Tartrates.

Les tartrates sont le produit de la combinaison de l'acide tartrique et des bases salifiables. Celui de potasse est le seul qui soit en usage dans la teinture, et le seul dont nous ferons ici l'étude.

Le tartre du commerce, est un sur-tartrate impur de potasse qui se dépose en croûte plus ou moins épaisse sur les parois des tonneaux où l'on met le vin. On en connaît de deux espèces, le blanc et le rouge, selon la couleur du vin duquel il s'est déposé ; mais, dans les deux cas, ses propriétés sont les mêmes, et il peut être employé aux mêmes usages. On le purifie en le délayant avec de l'argile qui entraîne les impuretés qu'il contient en se déposant ; et la liqueur surnageante, évaporée, dissoute, et cristallisée de nouveau, constitue la crème de tartre, ou surtartrate purifié. Dans cet état, ce sel est réservé pour les couleurs les plus délicates, et dont les impuretés du tartre commun seraient susceptibles d'altérer la teinte : le tartre à une saveur légèrement acide qui n'a rien de désagréable : il est d'un grand usage dans la teinture des laines, où on l'em—

ploie d'ordinaire concurremment avec l'alun : son principal effet est d'éclaircir les nuances et d'ajouter à leur solidité et à leur éclat.

Prussiates.

Entre les sels formés par les acides animaux, il n'y a que les prussiates alcalins dont il soit fait usage dans la teinture. On prépare les prussiates de potasse et de soude, en faisant bouillir le bleu de Prusse dans son poids d'acide sulfurique étendu de 5 à 6 parties d'eau, afin de la débarasser de son alumine, filtrant le mélange, et décomposant le prussiate de fer par de la potasse ou de la soude caustique bouillantes, qui s'emparent de l'acide prussique, et précipitent le métal à l'état d'oxide. La liqueur filtrée pour la séparer du dépôt, et évaporée, laisse déposer par le refroidissement, un prussiate alcalin.

Le bleu de Prusse employé dans cette opération, s'obtient en calcinant dans un creuset de fonte jusqu'à fusion pâteuse, une partie de potasse, et trois de corne ou de sang desséché ; projetant alors les matières dans l'eau bouillante, filtrant la liqueur, et y versant une dissolution préparée à chaud avec deux parties d'alun et

une partie de couperose ou mieux de nitrate de fer, le bleu de Prusse ne tarde
pas à se déposer, et sa couleur, d'abord
sale et verdâtre, passe au bleu par des la-
vages multipliés et l'exposition à l'air libre : le bleu de Prusse et le prussiate de
potasse, servent à communiquer aux tissus, mais particulièrement à ceux de coton et de soie, une couleur bleue qui a de
l'éclat mais qui manque de solidité.

Sulfures.

Les sulfures sont des composés produits
par la combinaison du soufre et de différens corps combustibles. Ces composés qui
sont en grand nombre, jouissent de propriétés particulières dont l'étude fait une
partie intéressante des connaissances chimiques proprement dites, mais qu'il n'est
pas de notre objet d'exposer ici. Les sulfures alcalins qui ont la facilité de se dissoudre dans l'eau, manifestent une grande
affinité pour l'oxigène, et dans leur réaction sur l'indigo, lui enlèvent une certaine
quantité de cet élément, et lui font perdre
temporairement sa couleur; mais comme ils
ne sont d'aucun usage dans la teinture,
nous nous bornerons à parler ici du sul-

-fure d'arsenic , orpiment ou réalgar , que l'on emploie quelquefois pour disposer l'indigo à se dissoudre, lorsqu'on le destine à l'impression des toiles.

Ce sulfure que l'on rencontre dans la nature , est connu sous le nom d'orpiment, lorsqu'il est d'une belle couleur jaune citron , et de réalgar lorsqu'il est d'un rouge orangé ; mais dans ce dernier état, il paraît contenir moins de soufre que dans le premier. On ne l'emploie qu'après l'avoir porphirisé, parce qu'étant très-cohérent, il agirait avec moins de facilité ; et l'indigo qui se trouve privé de son oxigène par l'action de ce sulfure, est immédiatement dissous par un alcali.

—

SUBSTANCES VÉGÉTALES.

Après l'étude des substances inorganiques dont l'emploi est le plus fréquent dans la teinture , il ne sera pas hors de propos de signaler les principaux caractères des substances végétales, et en particulier de celles qui jouent un rôle important dans les opérations de l'art que nous avons spécialement pour objet.

Les substances végétales, quoique d'un aspect, d'une couleur, d'une odeur et d'une contexture très-variées, ne sont formées cependant que d'un petit nombre d'élémens dont la combinaison dans des proportions différentes constitue les substances organisées. Ces élémens sont le carbone, l'oxigène, l'hydrogène et l'azote; mais l'azote ne se rencontre que très-rarement dans les végétaux, et c'est à sa présence que l'on attribue les caractères particuliers qui appartiennent aux substances animales. C'est donc le carbone, l'oxygène, l'hydrogène, et quelquefois une quantité peu considérable d'azote qui constituent tous les produits végétaux; et c'est la prédominance de l'un ou l'autre de ces élémens qui donne aux différentes substances des caractères de ressemblance plus ou moins marqués, au moyen desquels nous pouvons en composer divers groupes, et simplifier par là leur étude : c'est ainsi que la prédominance de l'oxigène sur l'hydrogène, relativement aux proportions nécessaires pour former de l'eau, communique généralement un caractère d'acidité aux divers produits où on la rencontre. Tandis que ces produits sont sucrés, ou du moins fades et sans caractère d'acidité, lorsque ces deux gaz y sont dans les mêmes proportions que dans l'eau, et que pour la plupart ils sont huileux, résineux ou alcooliques, et participent aux propriétés inflammables de l'hydrogène, lorsque c'est cette substance gazeuse qui y prédomine : les matières colorantes sont d'une composition trop variée pour pouvoir être rangées naturellement dans l'une ou l'autre de ces divisions, aussi en fait-on ordinairement une classe à part ; nous en parlerons après avoir dit un mot des huiles, dont la connaissance est d'une assez grande importance pour le teinturier.

HUILES.

On divise les huiles en huiles fixes ou grasses, et en huiles essentielles ou volatiles, ou simplement essences. Mais ces dernières n'étant d'aucun usage dans la teinture, notre objet n'est pas d'en parler ici.

Les huiles fixes ou grasses, sont des liquides visqueux plus légers que l'eau, de couleur variée, inflammables, et doués de la propriété de former avec les alcalis caustiques, des composés appellés savons. Les unes, telles que les huiles d'olive et d'amande douce ne s'épaississent que très-lentement à l'air, tandis que d'autres, telles que celles de noix et de lin, s'y dessèchent assez promptement. Les dernières sont appellées siccatives et les premières non siccatives.

Les huiles ne sont guère employées en teinture, que dans un état de combinaison avec une base alcaline. L'huile d'olive, qui sert à préparer les savons blancs ou marbrés, appelés communément savons de Marseille, est d'un grand usage dans la teinture du coton où on l'emploie, à l'état d'émulsion laiteuse avec la soude, pour communiquer certaines propriétés au sujet à teindre. Pour cet usage, elle doit être grasse, lampante et chargée de particules mucilagineuses en proportion assez forte ; quant aux autres huiles, telles que celles de colza, de navette et d'œillet, elles ne sont employées en teinture que dans un état de combinaison avec la potasse, qui les convertit en savons peu consistans dont on se sert pour le savonnage des toiles, et le dégraissage des laines.

MATIÈRES COLORANTES.

—

Comme il n'est pas de notre objet de tracer ici l'historique particulier de chacune des matières colorantes en usage dans la teinture, nous nous contenterons d'étudier ces matières d'une manière générale, et de faire remarquer comment elles se comportent avec les oxides, les acides, les sels, et les tissus que l'on se propose de teindre.

Les matières colorantes sont répandues dans les diverses parties des plantes, d'où on les extrait à l'aide d'opérations qui d'ordinaire sont une partie immédiate de la teinture. Les unes ont pour siège principal les racines, d'autres les écorces, les tiges, les fruits, et d'autres enfin, les fleurs ou les feuilles. Leur séparation des nombreux principes végétaux avec lesquels elles se trouvent mêlées, se fait rarement hors des ateliers de teinture, et à l'aide d'opérations isolées et indépendantes ; il n'y a guère que l'indigo, le roucou, la laque, et l'orseille qui se rencontrent dans le commerce, à l'état de pâte ; ces matières d'une composition très-diverse, ont une manière particulière de se comporter avec les différens réactifs. Les unes résistent très-long-tems aux effets de la lumière et de l'air, et ne paraissent recevoir d'autre altération que celle qu'éprouvent les composés végétaux les plus permanens, par une conséquence même de leur nature; d'autres subissent une dégradation de teinte rapide, par l'action des mêmes agens, et sont incapables d'acquérir un plus haut degré de solidité, en entrant dans de nouvelles combinaisons; d'autres enfin, quoique fugaces et promptement altérables, lorsqu'elles sont isolées, sont susceptibles, à l'aide de certaines modifications, de devenir assez permanentes, pour que leur durée soit en proportion convenable avec la solidité des sujets à teindre.

La couleur des substances tinctoriales est diversifiée à l'infini, et la plupart présentent des teintes qui nous rappellent des couleurs composées; soit que des principes colorans divers se trouvent unis dans une même substance, soit qu'un seul principe puisse renvoyer en même tems à nos yeux tous les rayons dont la combinaison constitue sa teinte. Quoi qu'il en soit, lorsque les matières colorantes éprouvent une modification un peu importante dans la proportion de leurs principes constituans, leur couleur ne tarde pas à être altérée ou même détruite. C'est ainsi qu'elles sont toutes décolorées par le chlore qui leur enlève une certaine proportion d'hydrogène ; et c'est ainsi encore que l'acide nitrique les détruit toutes en leur cédant une forte proportion d'oxigène, et leur faisant éprouver une sorte de combustion. Les autres acides, dans un état suffisant de concentration, peuvent aussi, ou les détruire totalement, ou du moins les modifier, les dégrader et les rendre entièrement méconnaissables. Celles qui sont bleues commencent ordinairement par rougir, mais la teinte rouge change bientôt elle-même, et se transforme en une couleur jaunâtre, qui est le terme d'altération ordinaire de toutes les autres nuances. Les alcalis caustiques ont également la propriété de faire subir aux couleurs des altérations très-considérables, et plusieurs sont détruites totalement par leur contact prolongé. Mais toutes, dans ces différentes modifications, ne reçoivent pas des atteintes proportionnelles à celles que devrait faire attendre leur propriété plus ou moins marquée de résister aux effets de l'air. Aussi, n'y a-t-il, à proprement parler, aucun réactif, dont l'emploi puisse faire déterminer avec certitude, le plus ou moins de solidité des couleurs. Les unes ont une grande disposition à abandonner leur hydrogène, et sont décolorées presque instantanément par le chlore; d'autres, au contraire, cédent leur oxigène avec une grande facilité, et sont profondément altérées par la réaction du gaz sulfureux. Il y en a qui résistent avec assez d'avantage aux alcalis, et d'autres qui résistent mieux aux acides; et de tout cela on ne peut déduire qu'une conséquence; savoir : que les différentes substances tinctoriales n'offrant pas toujours une résistance proportionnelle aux différens réactifs, les effets de ceux-ci ne peuvent pas faire préjuger avec certitude des effets de l'air. Aussi de toutes les classifications qui ont jamais été inventées, celle des matières colorantes en *grand* ou *bon teint*, et en *petit teint*, est-elle la plus arbitraire, la plus éventuelle et la moins fondée. A la vérité, il y a des couleurs de très-mauvais teint; mais il n'y en a pas non plus qui soient totalement inaltérables; et comme on en trouve qui peuvent être rangées dans tous les degrés, entre les termes de plus grande fugacité et de solidité presque inaltérable, il s'en suit que c'est une prétention sans fondement, que celle de tirer une ligne de démarcation entre ces substances, et de les refouler vers les deux extrèmes.

Si les acides, les alcalis ou les sels, altèrent plus ou moins profondément les couleurs par leur réaction, lorsqu'ils se trouvent dans un trop grand état de concentration, il n'en est pas de même ordinairement lorsque leur dissolution est très-étendue, et dans ce cas ils modifient souvent avec avantage, les propriétés des matières colorantes sur lesquelles on les fait agir. C'est ainsi qu'en ajoutant au bain de teinture, une petite quantité d'alcali soluble, on rehausse l'intensité de sa couleur, et l'on semble ajouter au nombre et au ton des molécules colorantes. Cette addition donne aux matières colorantes jaunes, une nuance plus pleine et plus saturée, et les fait tirer vers la couleur d'or; même si la nuance était très-fugace, comme est celle de la *terra merita* ou *curcuma*, elle ferait prendre aux molécules colorantes une teinte sensiblement rouge. Ce curcuma dont nous venons de parler, et qui rougit par les liqueurs alcalines, est employé, à cause de cette facilité à être altéré, à colorer des bandes de papier réactif, qui annoncent, lorsqu'on les plonge dans un liquide, si ce liquide contient la moindre parcelle d'un sel alcalin.

Mais, si l'effet des alcalis sur la couleur jaune, est de lui communiquer plus d'intensité, en la faisant tirer vers l'aurore, l'effet qu'ils produisent sur la couleur rouge, n'est pas moins curieux. Cette nuance se fonce sensiblement par leur action, quoiqu'avec plus ou moins de facilité, selon la matière colorante qui l'a produite, et la couleur prend une teinte violacée, comme elle eût fait par l'addition d'un peu de bleu. Ainsi, nous voyons successivement le même alcali, se comporter avec les matières colorantes jaunes, comme l'aurait fait une quantité plus ou moins grande de rouge, et avec les matières colorantes rouges, comme l'aurait fait une plus ou moins grande quantité de bleu. Maintenant, si l'on soumet à l'action de cette substance alcaline, une couleur bleue, assez fugace par sa nature; on verra cette couleur se tourner au vert, et l'alcali se comporter dans cette occasion, comme le ferait une addition de substance jaune.

6*

Ces effets nous paraissent très-singuliers, d'autant qu'ils semblent s'enchaîner l'un à l'autre, et conserver la même harmonie que l'on observe dans les couleurs décomposées par le prisme ; mais des recherches sur les causes de ce phénomène intéressant, ne sont pas de notre sujet, et nous nous bornerons à en signaler l'existence.

Les acides exercent sur les matières colorantes une action qui n'est pas moins remarquable; mais les dégradations qu'ils font éprouver aux nuances, sont dans un ordre tout-à-fait inverse. Ainsi, comme l'effet produit par les alcalis est de transformer les nuances en celles qui viennent immédiatement après elles, en allant du violet au rouge et passant par toutes les teintes intermédiaires du bleu, du vert et du jaune ; l'effet que les acides produisent est tout contraire dans la plus grande partie de la même échelle, et ils convertissent le bleu en violet, celui-ci en rouge, et le rouge en jaune. Quant au jaune, il prend assez ordinairement une teinte verdâtre en se dégradant, comme le vert prend une nuance bleuâtre. Ces effets, observés en partie depuis très-long-tems, ont introduit l'usage de combattre les altérations produites par les acides, par les altérations toutes contraires produites par les alcalis , et réciproquement ; et cette pratique rétablit assez sensiblement les nuances dans leur état primitif , toutes les fois que leur altération n'est pas trop profonde.

En réfléchissant sur la manière dont les alcalis et les acides se comportent à l'égard des matières colorantes, on concevra quel devra être le mode d'action des différens sels alcalins. Lorsque l'acide sera prédominant dans ces sels, ils se comporteront comme une légère quantité d'acide, et éclairciront généralement les nuances ; tandis qu'au contraire , lorsqu'ils auront un excès de base , ils agiront comme une petite quantité d'alcali et procureront des dissolutions plus foncées ; mais si le mode d'action des sels alcalins peut être prévu, du moins en partie, lorsque l'on connaît leur composition, il n'en est pas de même à l'égard des autres sels métalliques dont la base est un oxide insoluble, presque toujours coloré. Dans ce cas la réaction exercée sur la manière colorante est plus compliquée ; et l'oxide insoluble , séparé en plus ou moins grande quantité de son dissolvant , se combine avec la matière colorante et la modifie , soit par la couleur qui lui appartient à lui-même ; soit par l'action que peut exercer son oxigène dont les proportions sont sujettes à varier, soit par quelque autre propriété inconnue et dépendante de son caractère particulier. Quoi qu'il en soit, la connaissance de ces réactions multipliées est la partie peut-être la plus essentielle de la science du Teinturier ; et c'est là surtout qu'il doit éclairer constamment l'une par l'autre, la pratique et la théorie.

Après ces détails sur les propriétés générales des matières colorantes, il est à propos d'examiner avec la même généralité, quelle peut être leur manière de se comporter, lorsqu'elles éprouvent une réaction simultanée de la part de différentes substances salines et du sujet qu'on veut colorer. C'est une étude de la plus haute importance dans l'art d'appliquer les couleurs, et dont nous allons résumer les points principaux.

—

MORDANS.

Les sujets à teindre, que l'art emprunte au règne végétal et au règne animal, reçoivent une modification plus ou moins marquée de l'action des différentes substances salines en usage dans la teinture, et deviennent propres, après avoir subi cette action, à former une combinaison plus ou moins durable avec les matières colorantes. La recherche des phénomènes qui s'opèrent dans cette réaction des divers mordans sur les sujets que l'on se propose de teindre, et sur la matière colorante que l'on leur veut appliquer, est aussi utile qu'intéressante pour le teinturier; mais pour la simplifier, nous commencerons par considérer uniquement comment les différentes substances salines, qu'on nomme mordans, se comportent avec les sujets à teindre.

Lorsque les acides agissent sur une substance organisée, leur action est à la vérité très-diverse, en raison de la composition de la substance qui leur est soumise; mais, en général, quel que soit leur degré d'affaiblissement, ils tendent à en altérer la nature et à provoquer, dans toute sa masse ou sa surface, des combinaisons dans lesquelles ils entrent souvent eux-mêmes comme principes constituans; et les substances végétales ou animales, ainsi altérées, se comportent avec les matières co-

lorantes autrement qu'elles ne l'auraient
fait avant cette action. A la vérité, on serait tenté de croire, au premier aspect,
que les acides ou les substances salines à
base soluble, n'éprouvent aucune modification elles-mêmes en réagissant sur les
matières à teindre ; cependant il nous paraît plus probable que ces agens reçoivent
une altération plus ou moins grande dans
la réaction , soit qu'ils abandonnent au
composé qui se forme , une partie des élémens qui leur appartiennent, soit que,
sans être aucunement altérés dans leurs
élémens , ils participent , comme principe
constituant aux combinaisons que leur présence a déterminées. Mais dans les deux
cas, la modification qu'ils subissent, n'est
que partielle , et il en reste une quantité
considérable dans la liqueur , qui n'a pas
changé de nature.

Voilà ce qui a lieu dans notre opinion ,
lorsqu'on fait agir, sur les matières à teindre , soit des acides , soit des sels à base
soluble ; mais quand le sel a une base insoluble, les phénomènes sont différens, et
une partie de sa base , séparée de son dissolvant , entre constamment en combinaison avec le sujet. En outre, une partie de
la substance saline , par elle-même , sans

se décomposer, ou par son acide, peut exercer sur les fibres du sujet à teindre, une réaction analogue à celle que nous pensons être exercée dans les mêmes cas, soit par des acides isolés, soit par des sels à base soluble. On voit donc combien l'action des mordans devient compliquée : elle se compose de l'action de l'acide qui entre dans leur composition, pris isolément, de celle de la substance saline qui résulte de la combinaison de cet acide avec une base insoluble, et enfin de l'action de cette base insoluble elle-même, qui est placée dans les circonstances les plus favorables pour céder à l'affinité prédominante qui l'entraîne vers le tissu.

L'influence exercée par la présence de cette base et par sa combinaison avec le tissu, est ordinairement si considérable et si saillante, qu'elle est la seule qui frappe les yeux de l'observateur, et que tous les autres effets se confondent dans celui qu'elle produit. En conséquence, pour ne pas sortir des bornes étroites dans lesquelles le cadre de notre ouvrage nous oblige de nous renfermer, nous nous contenterons de signaler ce que présente de plus remarquable la combinaison triple de la matière colorante du sujet à teindre, et de la base insoluble du sel qui sert de mordant.

Entre les matières destinées à être teintes, les matières animales sont celles qui sont modifiées le plus aisément par l'action des divers mordans; elles leur enlèvent généralement leur base insoluble et entrent dans une telle combinaison avec cette base, que le composé résultant, paraît avoir une nature particulière. Ainsi, l'alumine, par exemple, en se combinant avec les sujets du règne animal, affaiblit leur disposition à fermenter et donne à la combinaison de leurs principes constituans, un caractère de permanence plus grande. Des effets analogues, mais plus prononcés, sont produits par cette même base saline, lorsqu'on la combine avec la gélatine des peaux qu'elle transforme en une matière indestructible qui a tous les caractères du cuir.

Mais si l'action des matières animales sur l'alumine est très-prononcée, et si elles enlèvent sans difficulté cette base à ses dissolvans, il n'en est pas de même des substances végétales qui ont pour elle beaucoup moins d'affinité. Aussi, dans ce cas, on aide cette faible affinité en ne donnant pour dissolvant à l'alumine qu'un acide qui ait de la tendance à l'abandonner; et c'est là la cause pour laquelle l'alun, ou sulfate d'alumine, est employé dans la teinture des fils et cotons, tandis que l'acétate de la même base y produit les meilleurs effets, par la facilité avec laquelle une partie de son acide se volatilise, et abandonne une quantité considérable de base au sujet à teindre.

Mais les mordans n'ont pas seulement pour effet de modifier la nature des sujets à teindre, et de les rendre propres à se combiner avec la couleur, ils agissent encore sur la matière colorante avec énergie, et la précipitent de son dissolvant. Dans cet état de combinaison, ils conservent presque toujours de l'affinité pour les matières à teindre, et c'est sur cette propriété reconnue qu'est fondé l'usage d'incorporer quelquefois le mordant au bain de teinture avant que d'y plonger le sujet à teindre; tandis que d'autres fois on combine le sujet à teindre avec le mordant, avant que de l'exposer à l'action du bain de teinture.

Nous anticiperions sur les matières des Traités destinés à la teinture proprement dite, si nous voulions décrire la manière de se comporter des divers mordans, avec les tissus des différens règnes, et les différentes substances tinctoriales; aussi nous bornerons ici nos observations, et nous nous contenterons d'ajouter en général : premièrement que, quel que soit le sujet à teindre, et quelle que soit la matière colorante qu'on veut employer, la quantité du mordant influe sensiblement sur les résultats, et qu'on doit toujours en proportionner la dose aux effets qu'on veut obtenir ; secondement, qu'en associant ensemble différens mordans, on peut produire avec la même matière colorante des effets souvent très-divers ; et troisièmement, que les tissus végétaux ayant moins d'affinité pour les matières colorantes que les tissus du règne animal, il est à propos de les soumettre à différentes opérations qui leur donnent une nature nouvelle, et qui les animalisent en quelque façon.

Quoique nous soyons forcé d'abandonner la matière importante qui nous occupe, sans l'avoir, pour ainsi dire, même attaquée, nous ne pouvons cependant passer outre, sans dire un mot des substances végétales qui se comportent en teinture comme des mordans. Ces substances ont un caractère particulier et la propriété d'exercer une action puissante sur les substance des divers règnes.

et en particulier sur celles du règne animal.
Telles sont le tannin, l'acide gallique, et
la matière dominante dans le brou de noix et
dans différentes écorces. Les recherches
chimiques n'ont pu encore déterminer avec
certitude, si toutes les substances qui ont
des propriétés analogues en sont uniquement redevables au tannin ou à l'acide gallique ; mais il suffit de savoir pour notre
sujet, que le principe astringent, qui domine dans plusieurs d'entre elles , est
suffisant pour modifier les divers tissus et
les rendre propres à se combiner avec la
couleur. Aussi toutes les substances tinctoriales que ce principe accompagne, non-
seulement se combinent sans intermédiaire
avec le sujet, mais encore communiquent
cette propriété à d'autres substances, lorsqu'elles sont employées concurremment
dans le même bain.

SUBSTANCES ANIMALES.

Quoique l'étude des substances animales
soit d'une moins grande importance pour
le teinturier que celle des substances végétales, nous croyons devoir cependant ne

par terminer ce Traité, sans dire un mot de leurs principaux caractères.

Les substances du règne animal sont très-nombreuses et très-variées, mais les élémens qui entrent dans leur composition sont en petit nombre. Ce sont toujours dans les liquides et les parties molles, le carbone, l'oxigène, l'hydrogène et l'azote, et dans les parties solides une certaine quantité d'acide phosphorique et de chaux combinés ensemble. Du reste, on trouve bien dans les substances animales, comme dans toutes les substances organisées, de petites quantités de différens sels ; mais ces matières n'y paraissent être qu'un accessoire, et l'on est toujours fondé à dire que les matières organisées du règne animal sont une combinaison, dans des proportions variables, des quatre élémens que nous venons de nommer.

Ces matières ont plus de tendance à se décomposer que celles qui sont produites par les végétaux ; mais leur décomposition peut être accélérée ou retardée selon les circonstances dans lesquelles elles se trouvent placées. Ainsi, lorsque l'air est sec, et que ces matières peuvent être facilement desséchées, la combinaison de leurs élémens est peu altérée par la permanence

d'un état semblable, et il en est de même
si la température de l'air est très-froide,
et que tous les liquides se trouvent gelés;
mais dans les alternatives intermédiaires,
l'action concurrente de l'humidité et de la
chaleur provoque des changemens multipliés dans l'état de la substance animale,
et ses élémens ne tardent pas à se séparer
en donnant lieu à des produits très-nombreux, tels que du gaz acide carbonique,
de l'ammoniaque, du gaz oxide d'azote et
du gaz hydrogène carboné, sulfuré et
phosphoré.

Mais puisque nous en sommes venus à
parler de la décomposition des substances
organisées, nous dirons un mot des différens phénomènes à la succession desquels
on a donné le nom général de fermentation.

FERMENTATIONS.

Les phénomènes qui se manifestent
constamment lorsque les élémens des composés organiques se séparent et reprennent
leur forme première, sont plus ou moins
nombreux et plus ou moins rapprochés, selon l'état et les qualités de ces composés;

mais d'ordinaire ils se présentent avec des caractères constans et périodiques toutes les fois que les substances en fermentation sont d'une composition analogue, ou que, rapprochées dans des proportions à peu près constantes, elles sont placées dans des circonstances pareilles.

L'abondance du principe muqueux et de l'amidon dans un grand nombre de végétaux, exerce une influence considérable sur la marche de la décomposition des substances où ces principes sont contenus ; et les phénomènes qui se seraient présentés s'ils fussent entrés isolément en fermentation, se produisent au moins partiellement lors de la décomposition des substances où ils abondent : c'est ainsi que la fermentation qu'on nomme *sucrée* prend naissance. Le carbone du principe muqueux ou de l'amidon, entre partiellement en combinaison avec une petite quantité d'oxigène, et donne naissance à du gaz acide carbonique qui se dégage, et la substance muqueuse ou amilacée, dont la proportion de l'élément charbonneux est diminuée, se convertit en une matière sucrée ; mais quand les matériaux de la substance en fermentation restent en présence, le sucre ne conserve pas long-tems ses caractères, et dans la réaction de ses élémens, son oxigène se combinant avec son carbone, il se produit une substance nouvelle très-volatile qu'on nomme alcool : cette substance, dans les circonstances où elle est placée, n'offre pas non plus de caractère de permanence, et l'absorption de plus ou moins d'oxigène la fait passer à l'état d'acide acétique.

Les phénomènes dont nous venons de parler, et qui se succèdent à des intervalles marqués, quand les substances renferment beaucoup d'amidon, ont lieu au contraire simultanément dans le plus grand nombre de cas, et la décomposition devient alors si tumultueuse, qu'il est très-difficile de déterminer quel est le rôle que les différentes substances peuvent y jouer. Les matières animales ne présentent pas dans leur décomposition des effets ainsi périodiques et réguliers ; elles n'éprouvent que la sorte de fermentation qu'on nomme putride, et après avoir changé plusieurs fois de couleur et d'aspect, selon la température, et après avoir exhalé du gaz acide carbonique, du gaz oxide d'azote, de l'ammoniaque et du gaz hydrogène carboné, phosphoré et sulfuré, elles se résolvent en une matière noirâtre et huileuse, formée de carbone uni à des substances salines fixes, telles que les phosphates de chaux et de soude, et à une sorte d'huile qui retient un peu de phosphore et de soufre en dissolution.

Dans la teinture, l'étude de la réaction des substances en fermentation est plus importante que l'on ne se l'imaginerait au premier abord ; en effet, ce n'est qu'à l'aide d'une fermentation particulière, que l'indigo devient susceptible de se dissoudre ; et comme cette substance tient sans contredit le premier rang dans la teinture par son importance, et que des fermentations autres que celles d'une certaine nature peuvent l'altérer, il s'en suit que la partie la plus essentielle du savoir-faire du teinturier, est tout entière dans la connaissance de certaines fermentations, et des moyens qui peuvent les empêcher de naître, les modifier ou les arrêter. Mais c'est une matière sur laquelle nous nous proposons d'insister, lorsque nous traiterons de la teinture en particulier, et dont il serait hors de notre sujet de parler ici.

CONCLUSION.

—

Nous n'avons pu que signaler succinctement dans ce Traité, les applications et les théories importantes que l'art de teindre a empruntées à la chimie ; mais nous croirons avoir atteint notre but, si le lecteur a puisé dans notre ouvrage quelque idée utile, et surtout le goût des connaissances chimiques, qui seules peuvent le rendre capable d'exercer avec le discernement convenable, les différens arts, et en particulier l'art de teindre. Nous nous proposons de publier incessamment comme complément indispensable de ce Traité, l'art de la teinture, divisé en deux parties principales ; la première destinée à la teinture des laines, et la seconde à celle de la soie, du coton et du lin ; et nous nous efforcerons de mettre un tel ordre dans les matières, et de décrire les procédés avec tant de soin, que tout lecteur, pourvu qu'il soit attentif, pourra lui-même en répéter la plupart sans difficulté et avec succès. Quant aux opérations qui, comme la conduite des cuves de bleu, requièrent une longue habitude pour leur direction, et à l'égard desquelles rien ne peut entièrement suppléer à l'expérience, nous les décrirons néanmoins avec réflexion, et nous espérons que ce que nous dirons à leur occasion, ne sera pas jugé inutile.

FIN.

TABLE DES MATIÈRES.

FIN DE LA TABLE.